1,5 Grad.

Gemeinsam.
Nachhaltig.
Handeln.

Christian Kullmann
Gunda Röstel
Michael Vassiliadis
(Hrsg.)

MURMANN

Was nun?

Die UN-Entwicklungs-ziele konsequent verfolgen

Unsere Ziele waren bescheiden. Wir wollten die Industrie, ihre Beschäftigten sowie Vertreterinnen und Vertreter von Nichtregierungsorganisationen über die 17 Nachhaltigkeitsziele der Menschheit (Sustainable Development Goals, SDG) miteinander ins Gespräch bringen. Wir wollten, dass jede Seite besser versteht, warum die andere ihre jeweilige Position hat und an welchen Punkten sie sich bereits annähern. Wir wollten in einem Blog aus unterschiedlichen Perspektiven auf die Entwicklungsziele der Vereinten Nationen schauen, den Status quo analysieren und mögliche Wege diskutieren, um unsere Erde zu einem besseren Ort zu machen. Für dieses Projekt konnten wir zahlreiche Autorinnen und Autoren gewinnen.

Die Beiträge aus Wirtschaft, Wissenschaft, Gewerkschaften und den NGOs, die wir in diesem Buch veröffentlichen, zeigen: Es ist viel zu tun, denn seit Verabschiedung der SDG 2015 sind wir auf dem Weg zu mehr Nachhaltigkeit kaum vorangekommen. Und bedingt durch die Coronapandemie wurde in den Jahren 2020 und 2021 auch bescheidener Erfolg wieder zunichte gemacht. Auf halbem Wege, konstatiert der aktuelle SDG-Report der Vereinten Nationen, sei es äußerst fraglich, ob die verbleibende Zeit bis 2030 für die Erreichung der Ziele ausreicht.

Obgleich globale Herausforderungen wie Klimawandel, Artensterben, Hunger und Ungleichheit eine gemeinsame Kraftanstrengung verlangen, steht auf der politischen Agenda aktuell ein anderes Ereignis ganz oben: Der russische Überfall auf die Ukraine am 24. Februar 2022. Putin und seine Helfershelfer treten das Völkerrecht und die Menschenrechte mit Füßen. Wir sehen fassungslos auf das Leid der Ukrainerinnen und Ukrainer und sind entsetzt über die Brutalität des Aggressors.

Die Folgen des Krieges reichen weit über Osteuropa hinaus. Sie verlangen von uns in Deutschland grundlegende Änderungen in der Außen-, Wirtschafts-, Energie- und Sicherheitspolitik.

Die Agenda ist länger geworden

Wir stimmen mit der Bundesregierung überein, dass es derzeit keine Zusammenarbeit mit Putins Russland mehr geben kann. Eine neue europäische Sicherheitsarchitektur ist nötig. Deutschland wird sich strategisch und militärisch neu positionieren und Europa mehr tun müssen, um unsere Freiheit zu garantieren.

Der Krieg in der Ukraine und seine Folgen werden Politik, Wirtschaft und Gesellschaft noch lange beschäftigen. Wir müssen die Aufnahme der ukrainischen Flüchtlinge, ihre Versorgung und ihre Integration in den Alltag organisieren. Der Anstieg der Energiepreise belastet Wirtschaft und Konsument*innen. Auch die Versorgungssicherheit ist bedroht.

Uns bleibt keine andere Wahl, als die neuen Aufgaben und die schon länger bestehenden parallel zu bearbeiten. Versuchen, die eine gegen die andere Krise auszuspielen, gilt es zu widerstehen. Stattdessen müssen wir jene Maßnahmen verstärkt ins Blickfeld nehmen, die insgesamt hilfreich sind. Etwa die industrielle Transformation, die Beschleunigung der Energiewende und die Erhöhung aller Effizienzen: Mit den steigenden Preisen rechnen sich nun Investitionen, die im letzten Jahr noch unwirtschaftlich waren. Entsprechende Potenziale können wir in allen Sektoren heben. Und basierend auf einer deutschland- und europaweit leistungsfähigen Forschungs- und Wissenschaftslandschaft können wir dabei auch auf Innovationen bauen.

Das gemeinsame Haus Europa ist wichtiger denn je

Russlands Krieg hat Europa wieder enger zusammengebracht. Gemeinsames Handeln in unserem europäischen Haus ist wichtiger denn je geworden. Frieden, Freiheit, Achtung der Menschenrechte sowie die Sicherung unserer natürlichen Lebensgrundlagen – unser Denken fußt auf gemeinsamen Werten und Zielen. Wir dürfen uns nicht dividieren lassen.

Denn alle notwendigen Transformationen können wir am besten in europäischer Partnerschaft gestalten. Wir müssen unsere Anstrengungen intensivieren und beschleunigen. Die Bewältigung der ökologischen Krisen duldet keinen Aufschub.

Der neue Bericht des Weltklimarats IPCC ermahnt uns. Das Zeitfenster, in dem wir noch Einfluss auf den Wandel des Klimas nehmen können, schließt sich. Gleichzeitig nimmt durch die Krisen die soziale Instabilität immer mehr zu. Auch hier wächst der Handlungsdruck für die Weltgemeinschaft.

Alles andere als obsolet: die Entwicklungsziele der UN

Die Welt muss zu einem Ort der Nachhaltigkeit werden – ökologisch, sozial, ökonomisch. Dieses Ziel müssen wir im Blick behalten. Trotz des Krieges: Die Debatte, die wir im Blog geführt haben, bleibt hochaktuell und muss in Politik, Wirtschaft, Gesellschaft nicht nur fortgesetzt, sondern in konkretes Handeln übersetzt werden. In späteren Jahren wird man dieses Buch deshalb als Dokument einer Zeit lesen können, in der wir in Deutschland, wir Europäerinnen und Europäer uns auf neue Wege nachhaltigen Handelns begeben haben.

Allen Autorinnen und Autoren und allen, die den Blog und das Entstehen dieses Buches begleitet haben – Beirat, die Teams für Inhalte und Design und die sorgfältigen Verlagsmitarbeiterinnen und -mitarbeitern –, danken wir herzlich.

Christian Kullmann
Präsident des Verbands der Chemischen
Industrie (VCI) und Vorsitzender des Vorstands
der Evonik Industries AG

Gunda Röstel
Vorstandsvorsitzende von German Water
Partnership (GWP)

Michael Vassiliadis
Vorsitzender der Industriegewerkschaft Bergbau,
Chemie, Energie (IGBCE)

Inhalt

2 Über dieses Buch

11 Ziel 1: Keine Armut

15 Ursula Groden-Kranich
Die beste Hilfe gegen Armut:
verantwortlich leben und
sozial handeln!

18 Sabine Herold
Lieferkettengesetz:
Unternehmen sollen retten,
wo Politik kapituliert

21 Kemal Özkan
Für nachhaltige globale
Lieferketten! Ziel: die Armut
in der Welt bekämpfen

25 Ziel 2: Kein Hunger

29 Matthias Berninger
Das neue Leitbild der
Ernährungsdebatte:
nachhaltige Intensivierung

32 Dr. Annette Niederfranke
Hunger: durch Klimakrise,
Konflikte und soziale
Ungleichheit

35 Dr. Ophelia Nick
Ein unmissverständliches
Konzept

39 Ziel 3: Gesundheit und
Wohlergehen

43 Prof. em. Dr. Gerhard Ehninger
Gesundheit und Wohlergehen
in der Weltgesellschaft

46 Sandy Richter
Die Wertschöpfungsketten
gehören auf den Prüfstand

49 Christoph Harras-Wolff
Klarheit für Familien-
unternehmen!

53 Ziel 4: Hochwertige Bildung

57 Theresia Bauer
Neue Beschleunigung von
Innovations- und Bildungs-
prozessen

60 Tilman Kuban
Das deutsche Aufstiegs-
versprechen erneuern!

63 Francesco Grioli
Nachhaltig aus- und weiter-
bilden: ein Erwerbsleben lang

67 Ziel 5: Geschlechtergleichheit

71 Dr. Ilham Kadri
Mehr Vielfalt in der
chemischen Industrie!

74 Karin Erhard
Plan F – F für Frauen

77 Ekin Deligöz
Geschlechtergerechtigkeit:
eindimensionales Denken
überwinden

81 Ziel 6: Sauberes Wasser und
Sanitäreinrichtungen

85 Dr. Uschi Eid
Gegen die Wasserkrise

89 Frank Gottselig
Wasser und Hygiene für alle:
noch ein weiter Weg

92 **Thomas Wessel**
Jeder Tropfen zählt: Chemie
kann die Ressource Wasser
sichern

97 Ziel 7: Bezahlbare und
saubere Energie

101 **Dr. Martin Brudermüller**
Der goldene Faden für eine
nachhaltige Zukunft

104 **Dr. Frank Mastiaux**
Die deutsche Energiewende ist
ein internationales Projekt

108 **Frank Peter**
Grüne Energie und Klima-
schutzverträge für eine erfolgreiche Industrietransformation

111 **Prof. Dr. Sebastian Dullien und
Prof. Dr. Sebastian Gechert**
Klimabonus als Element einer
sozialen Klimawende

117 Ziel 8: Menschenwürdige
Arbeit und Wirtschaftswachstum

121 **Reiner Hoffmann**
Beschäftigte an der Gestaltung
des Wandels beteiligen

124 **Ralf Fücks**
Nachhaltiges Wachstum und
menschenwürdige Arbeit:
der Beitrag der Chemieindustrie

128 **Steffen Kampeter**
Rein in den Maschinenraum:
Reformen anpacken!

132 **Prof. Dr. Michael Hüther**
Nachhaltiges Wachstum in der
sozialen Marktwirtschaft

137 Ziel 9: Industrie, Innovation
und Infrastruktur

141 **Wolfgang Langhoff**
Changemanagement im Klimaschutz richtig machen

144 **Ralf Sikorski**
Investitionsoffensive für eine
klimagerechte Industrie

147 **Dieter Janecek**
Industrie braucht Nachhaltig-
keit – Nachhaltigkeit braucht
Industrie

151 Ziel 10: Weniger Ungleichheit

155 **Prof. Dr. Christian Kaeser**
Steuern in unserer Gesellschaft

158 **Petra Reinbold-Knape**
Teilhabe ohne Inklusion:
ein Gebäude ohne Türen?!

163 Ziel 11: Nachhaltige Städte
und Gemeinden

167 **Peter Adrian**
Städte und Gemeinden
brauchen eine zukunfts-
weisende Flächenpolitik

170 **Burkhard Drescher**
Von nachhaltiger Stadtentwicklung und cringer Wurst-
werbung

173 **Andrea Lindlohr**
Langfristig planen, dynamisch
handeln: So werden unsere
Städte nachhaltig

179 Ziel 12: Nachhaltige/r Konsum und Produktion

183 Dr. Markus Steilemann
Kreislaufwirtschaft als einigende Vision: für nachhaltige Konsum- und Produktionsmuster

186 Dr. Kajsa Borgnäs
Nachhaltiger Konsum benötigt nachhaltige Produktionsstrukturen

190 Nora Sophie Griefahn
Der Mensch als Nützling: zukunftsfähig wirtschaften mit »Cradle to Cradle«

195 Ziel 13: Maßnahmen zum Klimaschutz

199 Prof. Dr. Gerald Haug
Klimawandel und Kreislaufwirtschaft

202 Dr. Siegfried Russwurm
Schwierig, aber unerlässlich: Industrie und Klimaschutz

205 Svenja Schulze
Industrieland, ja – aber nachhaltig

209 Ziel 14: Leben unter Wasser

213 Peter Kurth
Mit Kunststoffkreisläufen das Leben unter Wasser schützen

216 Sinischa Horvat
Im Kreislauf denken: ökologisch, ökonomisch, sozial

219 Claudia Müller
Meeresforschung made in Germany für die Ozeane der Zukunft

223 Ziel 15: Leben an Land

227 Jörg-Andreas Krüger
Notstand in der Natur: warum wir jetzt handeln müssen

230 Andreas Berger
Den ganzen Weg gehen!

233 Harald Feist
Nachhaltige Vanille aus Madagaskar – das geht!

237 Ziel 16: Frieden, Gerechtigkeit und starke Institutionen

241 Markus Löning
Lieferketten und Menschenrechte: Wie geht's weiter?

245 Emil Lieser
Gewerkschaft als Friedensmacht

249 Ziel 17: Partnerschaften zur Erreichung der Ziele

253 Hans-Joachim Watzke
»Elf Freunde müsst ihr sein«

256 Anja Surmann
Nachhaltigkeit braucht breite Bündnisse – global wie regional

259 Christian Kühn
Partnerschaften mit neuem Leben füllen: Verantwortung wahrnehmen

264 Anhang

Ziel 1:
Keine Armut

Armut in allen ihren Formen und
überall beenden

Die beste Hilfe gegen Armut: verantwortlich leben und sozial handeln!

Ursula Groden-Kranich
Bundesvorsitzende des
Kolpingwerkes Deutschland

Die Armen leiden immer am meisten unter Katastrophen. Das zeigt der Bericht 2020 der Vereinten Nationen zur nachhaltigen Entwicklung. Demnach steigt seit Beginn der COVID-19-Krise erstmals seit 1998 wieder die Armutsrate in der Welt. Unabhängig davon, bei welchem Geldbetrag die Armutsdefinition gesetzt wird, bleibt eines klar: Knapp eine Milliarde Menschen sind täglich mit den Folgen absoluter Armut konfrontiert. Auf unterschiedliche Weise ist ihnen ein Leben in Würde versagt: Sie leiden ebenso unter Hunger, Unterernährung, begrenztem Zugang zu sauberem Wasser und medizinischer Versorgung wie unter den schlechten Bildungschancen, sozialer Diskriminierung und Ausgrenzung, der mangelnden Beteiligung an Entscheidungsprozessen und nicht zuletzt auch unter den Folgen des fortschreitenden Klimawandels.

Nicht paternalistisch, sondern auf Augenhöhe
Davon sind vor allem – aber nicht nur – die Menschen in Afrika, Asien und Lateinamerika betroffen. Auch in Deutschland, das im internationalen

Vergleich sehr gut dasteht, gibt es Armut. Man muss nur genau hinschauen und bereit sein, aus sozialem Antrieb Konsequenzen für das eigene Handeln abzuleiten. Das hat auch der Gründer des Kolpingwerkes, Adolph Kolping, getan. In einer Zeit der beginnenden Industrialisierung hat Kolping die Nöte seiner Zeit wahrgenommen und seinen Beitrag geleistet, damit die vielen Handwerksgesellen, die damals in prekären Verhältnissen lebten, ein tatkräftiges und selbstbestimmtes Leben führen konnten. Dabei hat Adolph Kolping konsequent auf Bildung gesetzt. Die Sorge um Menschen in Armut gehört gewissermaßen zur DNA des katholischen Sozialverbands.

Der Verbandsgründer fordert uns auch heute noch dazu heraus, uns von den Nöten der Zeit zu verantwortlichem Leben und sozialem Handeln inspirieren zu lassen. Das tut das Kolpingwerk – in Deutschland und noch viel mehr in anderen Regionen der Einen Welt. Kolpingwerk Deutschland und Kolping International treten für die weltweite Verwirklichung gerechter und demokratischer Strukturen, für die Stärkung der Zivilgesellschaft sowie für die Sicherung der Menschenrechte ein. Wir sind davon überzeugt, dass vor allem durch gerechte Welthandels- und Finanzstrukturen die Kluft zwischen armen und reichen Völkern überwunden werden kann – insbesondere dann, wenn sich auch die Verantwortlichen vor Ort eher vom Wohlergehen ihres Volkes als von persönlichen Interessen leiten lassen.

Das Kolpingwerk fördert das Bewusstsein und den Einsatz für die internationale Zusammenarbeit. Als Mitglied von TransFair (Fairtrade Deutschland) setzen wir uns für den Fairen Handel ein, damit Menschen weltweit für ihre Arbeit und für die Herstellung hochwertiger Produkte anständig entlohnt werden. Das im Juni 2021 vom Bundestag verabschiedete Lieferkettengesetz verpflichtet große Unternehmen ab 2023 dazu, bei ihren Zulieferern gegen die Ausbeutung von Menschen und Natur vorzugehen. Das Kolpingwerk begrüßt, dass das Gesetz damit auch einen Beitrag zur Bekämpfung von Armut entsprechend dem ersten Nachhaltigkeitsziel der Vereinten Nationen leistet – auch wenn dies nur ein Anfang ist.

Kolping International arbeitet mit Menschen in und aus anderen Ländern ideell, personell und materiell zusammen. Unser Ansatz ist dabei, »Hilfe zur Selbsthilfe« zu leisten. Dabei erachten wir die internationale Solidarität, die es zur Armutsbekämpfung braucht, nicht als Almosen der Reichen. Vielmehr haben wir die menschenrechtliche Pflicht, Menschen aus absoluter Armut nachhaltig zu befreien. Nicht paternalistisch, sondern auf Augenhöhe.

In der Entwicklungszusammenarbeit müssen die betroffenen Menschen vor Ort sagen, was sie brauchen. Sie kennen die Herausforderungen in ihren Ländern am besten, und sie sollen selbst entscheiden, wie sie die vorhandenen Ressourcen nachhaltig nutzen können und was sie zur Verbesserung der Lebensbedingungen benötigen. Die Entwicklungspartner aus den Industrienationen können hier nur Hilfestellung geben. In der

Vergangenheit haben Entwicklungshilfeprojekte, die aus der Sichtweise der Industrienationen aufgebaut wurden, teils zu großen Abhängigkeiten geführt. Die Armut wurde damit oft nicht wirksam bekämpft.

Kolping setzt international auf Bildung und Nachhaltigkeit. Arme Menschen, die sich in Kolpingsfamilien zusammenschließen und die ihr Leben und auch das Leben der Menschen in ihrem Umfeld verbessern wollen, können an Bildungsangeboten der einzelnen Nationalverbände teilnehmen. Sehr gute Erfahrungen macht Kolping zum Beispiel in Ostafrika mit der Schulung der Menschen im ökologischen Landbau: Der Verzicht auf Pestizide, Insektizide und Kunstdünger hat sich als der richtige Weg bewährt. Kolpingexperten in den Ländern setzen auf die Herstellung hochwertiger Komposte und auf Artenvielfalt auf den Feldern. Die Erträge steigen deutlich, die Qualität der Böden verbessert sich, und die Menschen sind nicht mehr abhängig von Hilfsmitteln, die sie ansonsten teuer zukaufen müssten. Ein weiterer Ansatz ist die Saatgutvermehrung und die Förderung des Anbaus an den Klimawandel angepasster Kulturen.

Weg von Kunststoffen und fossilen Rohstoffen

Die Überwindung absoluter Armut, wie es das erste Nachhaltigkeitsziel fordert, ist heute nicht zu trennen von einer nachhaltigen Produktions- und Lebensweise. Schon jetzt sind die Ärmsten auf der südlichen Welthalbkugel am stärksten von den Folgen des globalen Klimawandels betroffen. Von der Wüstenbildung bis zur Vernichtung landwirtschaftlicher Nutzflächen oder von Fischfanggebieten – der Entzug der natürlichen Lebensgrundlagen trifft die Menschen in Afrika, Asien und Lateinamerika in vielen Regionen bereits mit voller Wucht. Die notwendige sozialökologische Transformation muss auch von den energieintensiven Industrien vollzogen werden. Der Wandel weg von Kunststoffen auf Basis von fossilen Rohstoffen sowie von fossilen Energieträgern hin zur Verwendung umweltgerecht angebauter nachwachsender Rohstoffe, innovativer nachhaltiger Kunststoffe und zu erneuerbaren Energien ist sozialverträglich und mit viel Innovationskraft zu meistern. Hier kann die deutsche Industrie mit ihrer weltweit anerkannten Innovationskraft in der Forschung und Entwicklung sowie dem Know-how ihrer ausgewiesenen Fachkräfte wichtige Beiträge leisten, was gleichzeitig den Standort Deutschland stärkt und neue Arbeitsplätze schafft.

Es bleibt eine große Herausforderung, die Nachhaltigkeitsziele zu erreichen, auf die sich die Vereinten Nationen 2015 verständigt haben, und insbesondere sich dem Ziel zu nähern, Armut in allen ihren Formen und überall zu beenden. Für uns bleibt die Maxime unseres Handelns: verantwortlich leben und sozial handeln! Immer und überall in der Einen Welt.

Ursula Groden-Kranich ist Bundesvorsitzende des Kolpingwerkes Deutschland. Nach langer Tätigkeit in der Kommunalpolitik kandidierte sie 2013 für die CDU zum Deutschen Bundestag, dessen Mitglied sie bis 2021 war. Sie befasste sich dort vornehmlich mit Außen-, Europa und Kulturpolitik. Sie ist Vorsitzende der Frauen-Union Rheinland-Pfalz.

Lieferketten-gesetz:
Unternehmen sollen retten, wo Politik kapituliert

Sabine Herold
Geschäftsführende Gesellschafterin
von DELO Industrie Klebstoffe

Wäre das Lieferkettengesetz ein Vakzin, man müsste die Wirksamkeit deutlich hinterfragen. Denn die Nebenwirkungen dieses Gesetzes übersteigen den ungewissen Nutzen bei Weitem.

In der oftmals emotional geführten Debatte über die Berücksichtigung der Menschenrechte in der Lieferkette werden immer wieder Einzelfälle in Branchen wie der Textilindustrie in Bangladesch, im Lebensmittelbereich der Kakaoanbau in Ghana und in der Rohstoffgewinnung der Erzabbau im Kongo angeführt. In der Tat ist der Arbeitsschutz in diesen Bereichen häufig problematisch. Wegen Problemen in einigen Branchen jedoch alle Unternehmen unter Generalverdacht zu stellen und mit einer höchst bürokratischen Regelung zu überziehen, ist insbesondere für den Mittelstand der falsche erste Schritt.

Vielmehr ist sich die chemische Industrie schon seit Langem ihrer Verantwortung bewusst und taugt nicht für eine pauschale Vorverurteilung. Zahlreiche Brancheninitiativen unterstreichen das Engagement der Unternehmen. Dort, wo Einwirkungsmöglichkeiten bestehen, nehmen wir die Verantwortung in der Lieferkette intensiv wahr. Jedoch kann insbesondere für ein Hightechunternehmen (wie DELO) nicht unterstellt werden, dass alle erforderlichen Rohstoffe der Welt beliebig auch woanders gekauft werden können: Das wäre falsch! Insbesondere gilt dies etwa bei Seltenen Erden für Elektronikbauteile oder innovative Neuentwicklungen für die Spezialchemie. Zum anderen wird suggeriert, Unternehmen könnten Menschenrechte exterritorial durchsetzen und damit erreichen, was selbst die Regierungen der einflussreichsten und angesehensten Länder der Welt inklusive der ganzen EU offensichtlich nicht schaffen: Auch das ist falsch!

Indirekt oder direkt – betroffen in jedem Fall
Spielen wir es mal konkret durch: DELO als typischer »Hidden Champion« entwickelt Hightechklebstoffe vornehmlich für die Elektronikindustrie und erwirtschaftet einen Umsatz von 170 Millionen Euro. Mit 800 Mitarbeitern betrifft uns das Gesetz vorerst »indirekt« – und doch sind wir direkt vom Aufwand betroffen. Denn bevor wir den Anwendungsbereich mit 1000 Beschäftigten erreichen, sind wir mit den »Code of Conduct«-Regelungen unserer großen Kunden rechtlich mitverhaftet.

3000 Firmen weltweit sind bei uns als unmittelbare Lieferanten gelistet. Auch wenn der Gesetzgeber bewusst nur schwammige Aussagen trifft, welche Aufgaben das Gesetz den Unternehmen hinsichtlich der Risikoanalyse genau vorschreibt, ist zu erwarten, dass jeder Lieferant einzeln betrachtet werden muss. Sofern man sich mit jedem Zulieferer im Minimum eine Stunde jährlich beschäftigt, benötigt man allein hierzu mindestens zwei Fachkräfte – Vollzeit. Die EU-Kommission schätzt, dass Unternehmen etwa 0,01 Prozent des Umsatzes für das Lieferkettengesetz aufwenden müssen – in unserem Fall 17.000 Euro. Rechnen wir allein für die beiden Vollzeitkräfte mit Kosten von etwa 50.000 Euro pro Person, würde die Schätzung der EU nur einen Bruchteil unseres tatsächlichen Erfüllungsaufwands abdecken.

Man muss zudem wissen, dass die Einkaufsvolumina von DELO zum Teil extrem gering sind. Beim umsatzärmsten Fünftel unserer aktiven Lieferanten kaufen wir für 60.000 Euro ein – insgesamt, nicht pro Zulieferer. Da das Gesetz auf eine Bagatellklausel verzichtet, die den Anwendungsbereich auf wesentliche Zulieferer begrenzen würde, stehen ein paar Hundert Euro Einkaufswert immensem bürokratischen und finanziellen Aufwand von mehreren Tausend Euro für Risikoanalyse und -management gegenüber. Und die Risikoanalysen gelten sogar für Lieferungen aus sicheren Ländern, wie Lieferungen innerhalb Deutschlands oder innerhalb der EU: Hier muss dringend nachgebessert werden.

Nun sollte man nicht den Fehler begehen und denken, man könne auch mit weniger Zulieferern auskommen. Das wäre schön, aber tatsächlich sind viele Zulieferer sehr spezialisiert und für uns unverzichtbar: So stellt weltweit nur ein einziger Zulieferer einen bestimmten Spezialrohstoff her, von dem wir gerade mal 23 Kilo im Jahr benötigen. Gleichzeitig ist dieser Rohstoff ein unverzichtbarer Bestandteil in Produkten, mit denen wir insgesamt 18 Millionen Euro Umsatz erzielen.

Ohne diesen Lieferanten würden wir zahlreiche Arbeitsplätze gefährden. Das trifft auch auf viele andere Rohstoffe zu: Für 20 Prozent gibt es keine alternativen Zulieferer. Gleichzeitig sind wir für viele Lieferanten zu klein, sodass sie uns keine tiefergehenden Einblicke in ihre Produktionsabläufe gewähren und auch Audits verweigern. In Berlin mag man sich das nicht vorstellen können, aber in unserer Einkaufsabteilung stapeln sich solche Auditabsagen. Kleine Umsätze tragen keine Audits.

Und wenn es uns aufgrund kleiner Bestellmengen bereits bei einigen direkten Zulieferern schwerfällt, Prüfungen durchzuführen, wie stellt sich der Gesetzgeber dann die Einflussnahme auf weitere Vorstufen in der Lieferkette vor? Um ein Beispiel zu geben: Metallische Füllstoffe sorgen dafür, dass Klebstoffe Strom elektrisch leiten. Wir kaufen diese Spezialfüllstoffe bei einem Distributor in Deutschland (Stufe 1), hergestellt werden sie in Japan (Stufe 2). In der Lieferkette davor kommen Rohstoffhändler und Schmelzbetriebe, der eigentliche Mineralienabbau ist mindestens Stufe 5, eventuell sogar Stufe 6 oder 7.

Was sollte den japanischen Sublieferanten dazu bewegen, uns zu verraten, ob der Abbau in Russland, in Kanada oder in Afrika erfolgt – ganz zu schweigen davon, ob dabei die Menschenrechte eingehalten werden? Vermutlich weiß er es selbst nicht. Es ist praxisfern, dem deutschen Mittelstand hier ernsthaft Einflussmöglichkeiten zu unterstellen. Dies muss bei der Ausgestaltung und weiterer Konkretisierung der nationalen und europäischen Regelung dringend berücksichtigt werden.

Globalisierung ist fair betrieben ein Stück Entwicklungshilfe

Da es nicht in das Ausbeutungsnarrativ einzelner Aktivisten passt, ignorieren sie bewusst, welche großen Fortschritte in den Entwicklungsländern in den letzten 30 Jahren erreicht wurden. Trotz stark wachsender Weltbevölkerung ist die Anzahl der Menschen in extremer Armut von 1,9 Milliarden (1990) auf 650 Millionen (2018) gefallen. Natürlich müssen wir alle daran arbeiten, diese Zahl noch weiter zu senken. Hierzu trägt die Globalisierung bei und ist – fair betrieben – ein Stück Entwicklungshilfe.

Sabine Herold ist Geschäftsführende Gesellschafterin von DELO Industrie Klebstoffe. Nach ihrem Chemiestudium stieg Sabine Herold 1989 als Anwendungsingenieurin bei DELO ein. 1997 übernahm sie, gemeinsam mit ihrem Ehemann Dr. Wolf Herold, die Firma im Rahmen eines Management-Buy-outs und entwickelte diese zu einem weltweit tätigen Unternehmen mit mittlerweile mehr als 800 Mitarbeitern. Sie ist auch engagiert in den Präsidien von VCI und BDI.

Für nachhaltige globale Lieferketten!
Ziel: die Armut in der Welt bekämpfen

Kemal Özkan
Stellvertretender Generalsekretär
von IndustriALL Global Union

Durch die COVID-19-Pandemie ist die Welt heute eine andere als früher. Die Auswirkungen der Krise sind ungleich und ungerecht. Die Berichte der Internationalen Arbeitsorganisation der UN (IAO) haben uns bereits gezeigt, dass in dieser Zeit Millionen von Arbeitsplätzen verloren gegangen und Milliarden von Menschen in die Armut zurückgefallen sind.

Bei der Erholung von den gesundheitlichen, wirtschaftlichen und sozialen Auswirkungen dieser Pandemie dürfen wir nicht zum »business as usual« zurückkehren. Stattdessen muss unbedingt eine neue und gerechtere Welt entstehen, die in der Lage ist, das inakzeptable Ausmaß an Ungleichheit, den Mangel an sozialem Schutz sowie an menschenwürdigen Lebens- und Arbeitsbedingungen für die Mehrheit der Weltbevölkerung und die drohende Klimakatastrophe zu bewältigen.

Historische Ausmaße von Ungleichheit und massiver Arbeitslosigkeit sind das Ergebnis eines ungleichen und nicht nachhaltigen globalen Wirtschaftsmodells, das darauf ausgelegt ist, einigen wenigen zu nutzen. Globale Lieferketten wirken sich zunehmend auf die Wirtschaft und das Leben der Menschen aus und führen zu drastischen Veränderungen für Handel, Produktion, Investitionen, Beschäftigungsverhältnisse und für die Arbeit selbst.

Verantwortung für Subunternehmen wahrnehmen

Unternehmen, die über Lieferketten einkaufen, müssen ihre Verantwortung gegenüber den Beschäftigten, die bei ihren Zulieferern und Subunternehmern beschäftigt sind, wahrnehmen.

In globalen Lieferketten sind unzumutbare Arbeitsbedingungen keine Seltenheit. Meist sind es die einfachen Arbeiter und Arbeiterinnen, die lange Stunden arbeiten, oft weit über die gesetzlichen Grenzen hinaus, für Armutslöhne und unter Bedingungen, die gegen viele Arbeitsschutzstandards verstoßen. In der Bekleidungsindustrie zum Beispiel liegen die Löhne der meisten Arbeiter und Arbeiterinnen nicht über dem Niveau des Mindestlohns in ihrem Land, der wiederum in vielen Fällen weit unter dem Existenzminimum liegt. Die Beschäftigten sind gezwungen, extrem lange zu arbeiten, um ihren Grundverdienst auf ein Niveau aufzustocken, von dem sie sich und ihre Familien ernähren können.

Prekäre Arbeitsverhältnisse sind weit verbreitet, wobei Zeitverträge, Leiharbeit und Unterverträge die Norm sind. Verstöße gegen das Recht auf Vereinigungsfreiheit sind an der Tagesordnung, der gewerkschaftliche Organisationsgrad ist auffallend niedrig und Tarifverhandlungen finden selten statt.

Programme zur sozialen Verantwortung von Unternehmen (Corporate Social Responsibility, CSR), die von Unternehmen entwickelt wurden, verlassen sich größtenteils auf Audits und Compliance, um zu versuchen, die Bedingungen in den Zulieferfabriken zu verbessern. Diese einseitigen, freiwilligen und unverbindlichen Bemühungen haben in der überwiegenden Zahl der Fälle versagt, wenn es darum ging, Löhne und Arbeitszeiten zu verbessern oder die Achtung des Rechts der Arbeitnehmer und Arbeitnehmerinnen, einer Gewerkschaft beizutreten, zu gewährleisten.

Die Erfahrung zeigt, dass dort, wo die Vereinigungsfreiheit respektiert wird und es den Beschäftigten erlaubt ist, sich gewerkschaftlich zu organisieren sowie Kollektivverhandlungen zu führen, sie befähigt werden, sich gegen Ausbeutung zu wehren und angemessene Einkommen und Arbeitsbedingungen einzufordern und zu erhalten. Wo diese Rechte verweigert werden, ist das CSR-Modell nicht in der Lage, die Lücke zu schließen. Die Selbstregulierung, unterstützt durch die Prüfung der Einhaltung der Menschenrechte durch die Unternehmen, hat jede Glaubwürdigkeit verloren.

Wir müssen diesen Teufelskreis durchbrechen. Wir brauchen Rechenschaftspflicht, Transparenz, Verantwortung und Rückverfolgbarkeit in den globalen Lieferketten.

Wir brauchen ein günstiges Umfeld durch verpflichtende Sorgfaltsprüfungen. Die gute Nachricht ist, dass die Leitprinzipien der Vereinten Nationen für Wirtschaft und Menschenrechte (UNGPs) breite Unterstützung finden in der Gesellschaft, jedoch keine verbindlichen Verpflichtungen für Unternehmen vorsehen.

Für verbindliche und durchsetzbare Standards

Die Welt braucht verbindliche und durchsetzbare Standards. Wir unterstützen einen verbindlichen UN-Vertrag zu Wirtschaft und Menschenrechten mit verpflichtender Sorgfaltspflicht. Es ist von entscheidender Bedeutung, dass es einen ähnlichen Prozess in der Europäischen Union gibt. Wenn diese internationalen Standards durch nationale Gesetzgebungen ergänzt werden, wie es in Deutschland geschehen ist, ist dies ein wichtiger Schritt bei der Bekämpfung von Armut und Ungleichheit in der Welt. Ein wahrer »Gamechanger«.

Wir fordern auch eine IAO-Konvention über Lieferketten, die einen globalen Rahmen mit Kernarbeitsnormen für grenzüberschreitende Verhandlungen und Tarifverhandlungen enthält, und wir fordern, dass die IAO-Arbeitsschutznormen den Kernarbeitsnormen hinzugefügt werden. Zur Operationalisierung dieser Standards brauchen wir ein System globaler Arbeitsbeziehungen oder einen grenzüberschreitenden sozialen Dialog. Die menschenrechtliche Sorgfaltspflicht erfordert die Einbeziehung aller Stakeholder, und was die Beschäftigten und Gewerkschaften betrifft, sind die Arbeitsbeziehungen der Schlüssel in diesem Prozess.

In diesem Zusammenhang bieten wir unsere Global Framework Agreements (GFAs) an, die zwischen globalen Gewerkschaften und multinationalen Unternehmen ausgehandelt werden. Durch GFAs verpflichten sich Konzerne, die Kernarbeitsnormen der IAO, einschließlich des Rechts auf Vereinigungsfreiheit, in ihren eigenen Betrieben und in ihren Lieferketten einzuhalten.

Gewerkschaften auf nationaler und internationaler Ebene sind bereit, sich für eine gerechtere Welt mit besseren Lebens- und Arbeitsbedingungen der Arbeitnehmer und Arbeitnehmerinnen in globalen Lieferketten einzusetzen.

Diese historische Verantwortung erfordert ebenso aufrichtiges wie ernsthaftes Engagement und Partnerschaft.

Kemal Özkan ist seit 2012 stellvertretender Generalsekretär von IndustriALL Global Union. IndustriALL Global Union vertritt 50 Millionen Beschäftigte in 140 Ländern in den Bereichen Bergbau, Energie und verarbeitendes Gewerbe und kämpft weltweit für bessere Arbeitsbedingungen und Gewerkschaftsrechte. IndustriALL kämpft für ein anderes Modell der Globalisierung und ein neues Wirtschafts- und Sozialmodell, das den Menschen an die erste Stelle setzt, basierend auf Demokratie und sozialer Gerechtigkeit.

Ziel 2:
Kein Hunger

Den Hunger beenden, Ernährungssicherheit und eine bessere Ernährung erreichen und eine nachhaltige Landwirtschaft fördern

Das neue Leitbild der Ernährungsdebatte: nachhaltige Intensivierung

Matthias Berninger
Senior Vice President für Public Affairs,
Science & Sustainability der Bayer AG

»16 Millionen Menschen sind seit Beginn der Pandemie an Hunger gestorben. Das sind etwa 1000 Menschen pro Stunde. Wo sind die Nachrichten darüber? Wo ist die Empörung??« Mit diesen Worten hat sich der Chef des Welternährungsprogramms der UN, David Beasley, im September an die Öffentlichkeit gewandt. Gehört wurde er nicht. Und das, obwohl seine Organisation im Jahr 2020 mit dem Friedensnobelpreis ausgezeichnet wurde.

Rund 770 Millionen Menschen galten 2020 als unterernährt. Das sind etwa zehn Prozent der Weltbevölkerung und 120 Millionen Menschen mehr als 2019 – auch wegen der Coronapandemie. Damit wächst die Zahl der hungernden Menschen weit schneller als die Weltbevölkerung. Die Weltgemeinschaft hatte sich 2015 das Ziel gesetzt, dass niemand mehr hungern muss. Sechs Jahre später sind wir dem Ziel nicht näher gekommen, sondern hinter die Startlinie zurückgefallen. Der Ukrainekrieg hat die Situation deutlich verschärft. Insgesamt werden fast 40 Prozent des weltweiten Weizens in der Ukraine oder Russland produziert. Was in der Ukraine trotz Krieges geerntet werden kann, schafft es wegen Wirtschaftssanktionen und Gegenmaßnahmen nicht unbedingt auf den globalen Markt. Dies wird noch durch den erheblichen Rückgang des aus Russland importierten Getreides und Düngers verschärft. Fast ein Drittel des in der Europäischen Union genutzten Düngers kommt aus Russland. Und weniger Dünger einzusetzen, wird nur den Druck auf das globale Lebensmittelsystem erhöhen.

Wachsende Nachfrage nach Nahrungsmitteln auf der einen Seite und ein steigender Druck auf Ernten durch rasante Klimaveränderungen und Weltkrisen auf der anderen machen Ernährung somit zu einem entscheidenden Politikfeld.

Klimawandel als größte Bedrohung
Der Klimawandel ist dabei die größte Bedrohung für die weltweite Ernährungssicherheit. Menschen sterben aufgrund von Ernteverlusten durch Dürren, Starkregen und andere extreme Wetterereignisse. Selbst wenn wir es schaffen, den Temperaturanstieg auf 1,5 Grad Celsius zu beschränken, stehen wir mit den heutigen Ernährungssystemen vor der massiven Herausforderung, einen klimabedingten Ertragsrückgang von mehr als fünf bis zehn Prozent zu verhindern. Die darüber hinaus prognostizierte steigende Nachfrage von bis zu 60 Prozent bis 2050 zeigt, wie dramatisch sich die Schere öffnet. Ein Blick zurück lässt ahnen, wie sehr Menschen unter solchen Konstellationen zu leiden haben.

Der Autor Adam Grant hat uns ins Stammbuch geschrieben, dass all die, die ihre Meinung nicht ändern können, oft falsch liegen. Die festgefahrene Ernährungsdebatte braucht Mut, um sie neu zu denken. Für die chemische Industrie bedeutet das: Wir können nicht länger steigende Erträge als Rechtfertigung der sozialen und ökologischen Folgeschäden anführen. Auf der anderen Seite gilt für Klimaaktivisten und Naturschützer, dass die Forderung nach weniger Intensivierung mit geringeren Erträgen in einer Welt mit acht Milliarden Menschen und zunehmend ungemütlichem Klima auch nicht mehr salonfähig sein darf.

Das Leitbild muss nachhaltige Intensivierung sein, die mehr Ertrag auf weniger Fläche ermöglichen kann. Hierfür brauchen wir eine Willkommenskultur für Innovationen. Eine ganze Generation von Wissenschaftlern wird derzeit durch das enorme Potenzial an der Schnittstelle von Genomforschung, künstlicher Intelligenz und neuartiger Chemie inspiriert. Neun der letzten zehn Nobelpreise für Chemie wurden für Entdeckungen in diesem Bereich verliehen. Die mRNA-Impfstoffe haben bewiesen, was in der Medizin möglich ist. Nun gilt es, diese revolutionäre Innovationskraft auch in Materialchemie und Ernährungssystemen zur Entfaltung zu bringen.

Für präziseren Pflanzenschutz

Bayer investiert in seinem Crop-Science-Geschäft jährlich fast 2,5 Milliarden Euro in die Forschung, um Landwirtschaft in die Lage zu versetzen, weniger Treibhausgase auszustoßen, atmosphärischen Kohlenstoff im Boden zu binden und die Erträge gegen Klimagefahren zu sichern. Wir glauben, Kunstdünger durch Mikroorganismen und neuartiges Saatgut ersetzen zu können, die Erträge beim Mais durch die Einführung kurzstämmiger Sorten um 20 Prozent steigern zu können. Wir können und müssen Kleinbauern Zugang zu modernstem Saatgut erschaffen, Landwirtschaft überall digitalisieren und mit einer neuen Generation von präziserem, weniger umweltschädlichem Pflanzenschutz das Ziel erreichen, mehr auf weniger Fläche zu produzieren. Das alles wird uns ermöglichen, Ernteverluste zu reduzieren sowie Flächenfraß und die Entwaldung zu stoppen. Wir brauchen aber auch bessere Bewässerungstechnologie, Trockenheitsresistenz und Alternativen zur heutigen Fleischproduktion – sowohl pflanzen- als auch zellkulturbasiert.

Ein Vierteljahrhundert nach der Ernte des ersten gentechnisch veränderten Sojas wurden in Ländern des Globalen Südens Golden Rice, RNAi Cassava und BT-Mais zugelassen – bei allen drei Pflanzen konnte dank fortschrittlicher Technologien der Ertrag gesteigert und damit ein wichtiger Beitrag im Kampf gegen Hunger geleistet werden. Angesichts rasant steigender Importpreise für Nahrung setzen immer mehr Länder auf Innovation. Europa darf sich damit nicht länger schwertun. Immerhin hat die öffentliche Konsultation zu neuen Züchtungstechnologien begonnen und deren gesellschaftliche Akzeptanz zugenommen. Ohne das Wohlwollen von Europas Regulierern wird die Biorevolution zwar die Welt verändern, aber eben auf diesem Kontinent ausfallen. Wir stehen vor der Frage, ob Europa sein Potenzial ausschöpfen kann, das Ziel »Zero Hunger« zu erreichen – oder ob Europa die Probleme sogar verschärft. Die Möglichkeiten der Biorevolution abzulehnen, kommt dem Verbot des Buchdrucks im Osmanischen Reich gegen Ende des 15. Jahrhunderts gleich. Bücher haben sich dennoch weltweit durchgesetzt.

Matthias Berninger ist seit 2019 Senior Vice President für Public Affairs, Science & Sustainability der Bayer AG mit Sitz in Washington, D. C. Nach Stationen im Deutschen Bundestag (1994 bis 2007) sowie als Staatssekretär im Bundesministerium für Verbraucherschutz, Ernährung und Landwirtschaft (2001 bis 2005) wechselte er zu Mars und leitete dort die globale Public-Affairs-Organisation.

Hunger:
durch Klima-
krise, Konflikte
und soziale
Ungleichheit

Dr. Annette Niederfranke
Mitglied des Präsidiums der Welthunger-
hilfe, leitende Direktorin der International
Labour Organization (ILO) in Deutschland

Die aktuellen UN-Berichte sind alarmierend: Rund 811 Millionen Menschen leiden an Hunger, die Unterernährung ist weltweit dramatisch gestiegen. Nach Prognosen der Weltbank steigt parallel dazu auch die extreme Armut seit 20 Jahren erstmals wieder und laut Prognosen der International Labour Organization (ILO) sind mehr als 450 Millionen Arbeitsplätze durch die Pandemie verloren gegangen. Die Zahlen manifestieren deutlich: Wir sind weit davon entfernt, die vereinbaren Ziele der internationalen Staatengemeinschaft zu erreichen und den Hunger bis 2030 zu besiegen. Wir müssen besser und schneller werden, um SDG 2 – Beseitigung von Hunger – zu erreichen. Dafür brauchen wir in allen Lebensbereichen Änderungen, um mit den vorhandenen Ressourcen nachhaltig zu wirtschaften.

Weltweit arbeiten zwei Drittel der Menschen im informellen Sektor mit Schwerpunkt auf Landwirtschaft, insbesondere in Entwicklungsländern des Globalen Südens, also genau dort, wo Lebensmittel erzeugt werden. Doch oft kann dieser Sektor nicht in ausreichendem Maße für Beschäftigung und damit Einkommen und Ernährung sorgen. Wirtschaftliche Armut ist eines der herausragenden Probleme in ländlichen Räumen, selbst dann, wenn Menschen ihr Einkommen durch ergänzende Beschäftigung außerhalb der Landwirtschaft geringfügig aufbessern. In vielen Projektländern der Welthungerhilfe sehen wir, dass die ländlichen Räume vernachlässigt werden: Es gibt Defizite bei der Infrastruktur, insbesondere Straßen, und es fehlen regionale Verarbeitungszentren wie Mühlen.

Wie gestalten wir Transformation und wie stellen wir sicher, dass das Leben im Globalen Norden nicht auf Kosten der Menschen des Globalen Südens geht? Wir brauchen eine neue Dynamik, die auf der Basis guter Erfahrungen Lösungen für aktuelle und künftige Herausforderungen sucht.

Solidarität des Globalen Nordens

Die gezielte Förderung von Gewerbe und regionalen Märkten – speziell in vor- und nachgelagerten Bereichen der Agrarproduktion – schafft Beschäftigung und damit neue Einkommensquellen für die Landbevölkerung. Das gelingt nicht ohne solidarisches Handeln des Globalen Nordens. Es reicht nicht, Nachhaltigkeits- und Sozialstandards einzufordern oder beim Aufbau zu unterstützen. Nötig ist eben auch ein Umsteuern in der Handels- und Energiepolitik in den Industrieländern wie zum Beispiel Deutschland. Menschen dürfen nicht für den Anbau von Exportprodukten in Industrienationen von ihrem Land vertrieben werden um den Preis, dass ihre Ernährung durch eigenen Anbau nicht mehr gesichert ist. Zentral ist die Umsetzung menschenwürdiger und ökologischer Sorgfaltspflichten in den Lieferketten der landwirtschaftlichen Produktion.

Die Welthungerhilfe gibt den Menschen des Globalen Südens eine Stimme und eine Plattform. Erfahrungen aus der täglichen Projektarbeit in 36 Ländern spielen ebenso eine Rolle wie standardisierte Fortschrittsberichte. Der jährlich erhobene Welthunger-Index (WHI) ist der Seismograf für die Hungersituation – er erfasst und analysiert Gründe für negative wie positive Entwicklungen und zeigt auf dieser Basis Handlungsfelder auf. Der WHI befördert gleichermaßen innerhalb von Europa und den Ländern des Globalen Südens eine faktenbasierte, partizipative und handlungsorientierte Debatte mit Akteuren in Politik, Zivilgesellschaft, Wirtschaft und Wissenschaft. Der WHI misst und vergleicht die Ausprägung von Hunger und Unterernährung auf globaler, regionaler und nationaler Ebene. Anhand von vier Indikatoren wird die Situation in den untersuchten Ländern als gravierend, sehr ernst, ernst, mäßig oder niedrig eingestuft. Je höher der Wert, desto stärker der Hunger im jeweiligen Land. Im aktuellen Bericht wird deutlich, dass sich in vielen Ländern der positive Trend der letzten beide Jahrzehnte umgekehrt und die Situation wieder verschlechtert hat. Bei gleichbleibendem Trend wird die Weltgemeinschaft das Ziel »Zero Hunger« bis 2030 deutlich verfehlen.

Ziel: Zero Hunger

Das Ziel »Zero Hunger« kann nur gemeinsam und durch ein Bündel von Maßnahmen erreicht werden. Innovative Social-Business-Kooperationen (zwischen Nichtregierungsorganisationen und Unternehmen) stehen für neue Dialogformen und Kooperation. Die Welthungerhilfe setzt vor Ort an und unterstützt innovative Wege zu mehr Klimaschutz: Ein Beispiel ist die Vermarktung lokal gefertigter Wasserfilter aus Ton in Uganda, die für Einsparungen im CO_2-Bereich sorgen, da für das Abkochen von Wasser kein Brennholz mehr benötigt wird. Das Unternehmen kann so CO_2-Zertifikate nach dem sogenannten Goldstandard veräußern. Dabei handelt es sich um eine Zertifizierung, die ausschließlich für Projekte gilt, die nachweislich zur Reduktion von Treibhausgasen führen und gleichzeitig gut für die lokale Umwelt und soziale Belange der Bevölkerung sind.

Quelle: https://www.umweltbundesamt.de/
umwelttipps-fuer-den-alltag/siegelkunde/the-gold-standard

In Simbabwe wurde mit der Welthungerhilfe eine App entwickelt, die als mobiler landwirtschaftlicher Berater fungiert. Sie enthält speziell auf die Region abgestimmte Handbücher und Videos zu Anbaumethoden und Viehzucht, Muster für Finanzpläne, Preisentwicklungen, Informationen zu historischen Wetterdaten und zu aktuellen Verschiebungen der Regenzeiten. Über die App finden Beratung und Kompetenzvermittlung statt, zentrale Instrumente im Kampf gegen Hunger und Klimawandel.

Neben der konkreten Projektarbeit fördert die Welthungerhilfe den Diskurs über nachhaltige Entwicklung bestehender Vereinbarungen und Gesetze. Als Einstieg können Selbstverpflichtungen von Regierungen und Unternehmen dienen. Ein Anfang, der aber nicht ausreicht – ebenso wenig wie finanzielle Anreize und Berichtserfordernisse allein. Es braucht ein Bündel von sich ergänzenden Instrumenten für mutige, sozial gerechte und innovative Transformationsprozesse. Und es braucht den politischen Willen und zielorientiertes Handeln aller Akteure.

Dr. Annette Niederfranke ist seit 2020 Mitglied des Präsidiums der Welthungerhilfe und leitet als Direktorin der International Labour Organization (ILO) die Repräsentanz in Deutschland. Bis 2014 war sie Staatssekretärin im Bundesministerium für Arbeit und Soziales (BMAS). Zuvor war sie langjährig in Führungspositionen des BMAS und des Bundesministeriums für Familie, Senioren, Frauen und Jugend tätig, zuletzt als Ministerialdirektorin.

Ein unmissver-
ständliches
Konzept

Dr. Ophelia Nick
Mitglied des Deutschen Bundestages
und Parlamentarische Staatssekretärin
beim Bundesminister für Ernährung
und Landwirtschaft

Das zweite der 17 Ziele der UN für eine nachhaltige Entwicklung besagt nicht nur, bis 2030 den Hunger zu beenden, sondern auch die Ernährungssicherheit mit gesunden, nahrhaften Lebensmitteln aus nachhaltiger Landwirtschaft zu gewährleisten. Es geht also im übertragenen Sinn um beides: dass der Teller der Weltbevölkerung voll genug ist und auch darum, was darauf liegt und wie es produziert wurde.

Momentan scheint das SDG 2 wie ein kaum erreichbarer Traum, denn noch hungert jeder zehnte Mensch auf der Welt. Wollen wir dieses Ziel erreichen, ist die systemische Betrachtung des ganzen Wegs »vom Feld bis in den Bauch« elementar.

Eine regenerative und faire Landwirtschaft fördert nicht nur Menschenrechte und Ernteerträge, sondern auch den Erhalt von natürlichen Ressourcen wie Boden- und Wasserqualität, Biodiversität und Tierwohl. Die Ernährungssysteme der globalen Industriestaaten tragen hierbei eine große Verantwortung, denn sie verursachen das Sterben unzähliger Kleinstlebewesen, Tierleid und die Emission klimaschädlicher Treibhausgase im In- und Ausland.

Das sieht auch die EU so: Sie hat im Rahmen des Green Deals die Farm-to-Fork-Strategie vorgelegt. Bei diesem unmissverständlichen Konzept wird die gesamte Wertschöpfungskette betrachtet und dabei werden klare Qualitätsanforderungen an die Nahrungsmittelproduktion formuliert.

Vielfalt im Stall und auf dem Acker

Meine Überzeugung ist: Wir Menschen können etwas ändern – und das sogar richtig gut! Lassen Sie uns gemeinsam nach existierenden Erfolgsmodellen suchen und darauf zukünftige Lösungen aufbauen. Hierbei müssen wir nicht nur über Verhaltensänderungen von Verbraucher*innen hinausgehen, sondern gezielter auch die Produktion von Lebensmitteln betrachten. Unser Ziel sollten nahrhafte und vielfältige Lebensmittel weltweit sein, die unter höchsten Qualitätsansprüchen mit Blick auf Natur und Mensch erzeugt werden.

Dabei unterstütze ich eine Kreislauflandwirtschaft, die sich eng an agrarökologische Grundsätze hält – also fair, umwelt- und menschenfreundlich sowie standortangepasst ist. Hierbei werden Zusammenhänge zwischen einer guten Landwirtschaft, Umweltfolgen und der menschlichen Gesundheit erkannt und berücksichtigt. So geht es nicht nur aus landwirtschaftlichen Gründen um die Regeneration von natürlichen Ressourcen wie unserem Boden. Denn Humus wird auch im Klimaschutz als CO_2-Senker immer bedeutender.

Ebenso spielt die genetische Vielfalt von Nutztieren und Pflanzen eine wichtige Rolle. Vor allem alte Nutztierrassen und Obst-, Getreide- oder Gemüsesorten können klimaresilienter und somit ernährungssichernder sein als die momentan genutzten. Das durch diese Produkte differenzierte Angebot an Lebensmitteln ist relevant für eine ausgewogene Ernährung und ihre Erzeugung im Ackerbau hilfreich für die Bodenfruchtbarkeit. Vielfalt ist also eine Lebensversicherung. Kulturpflanzen und alte Haustierrassen sind Allgemeingüter und müssten staatlich durch Erhaltungszucht und Förderung samenfester Pflanzen gefördert werden.

Nicht nur die Erzeugung im Fokus: Vergeudung beenden und Qualität sichern

Ein weiterer entscheidender Faktor für ein gutes Lebensmittelangebot im Globalen Süden ist die Logistik von Nachernteverfahren bei Verarbeitung, Lagerung und Verteilung. Das reine Vorhandensein von nahrhaften und ausreichenden Lebensmitteln reicht zur Beendigung des Hungers nicht aus.

Die Betrachtung der landwirtschaftlichen Produktion und Lieferketten ist zur Erreichung des Nachhaltigkeitsziels 2 also relevanter, als man auf den ersten Blick annehmen würde. Der verborgene Hunger, also eine chronische Mangelernährung in Form von Mikronährstoffmangel, die neben fehlendem Zugang durch einseitige und falsch zubereitete Kost hervorgerufen wird, gerät in öffentlichen Debatten oft in den Hintergrund. Dabei leiden weltweit zwei Milliarden Menschen darunter. Deshalb ist Wissen darum, was gesunde und ausgewogene Ernährung ist und wie man diese zubereitet, elementar für das SDG 2.

Falsche Ernährung macht krank

Ursprünglich westliche Ernährungsweisen tragen in dramatischer Weise zu Fettleibigkeit, Bluthochdruck, Krebs und Diabetes Typ 2 bei – um nur einige Erkrankungen zu nennen. Sie stehen in erster Reihe bei den Todesursachen und belasten unsere Krankenkassen mit Milliarden Euro.

Übergewicht ist global auf dem Vormarsch. Deshalb sind auch hier die Grundsätze einer nachhaltigen Landwirtschaft und gesunder Ernährung besonders zu betonen. Die von der Eat-Lancet-Kommission 2019 herausgebrachte Studie hat ergeben: Unsere westliche Ernährungsweise schadet unserer Gesundheit UND unserem Planeten. Die Autoren konnten anhand einzelner Lebensmittel aufzeigen, was gut für den Planeten ist und was nicht. Stellen wir also die Produktionsweise und unsere Ernährung um, helfen wir der Erde und uns selbst. So sorgen beispielsweise Hülsenfrüchte in der Fruchtfolge für nitratangereicherte Böden und sind nachweislich lebensverlängernd. Zu viel rotes Fleisch wiederum ist erwiesenermaßen ungesund und der Methanausstoß bei der Produktion belastet unser Klima.

Die gemeinsame gesundheitliche Betrachtung von Mensch und Planet ist in vielerlei Hinsicht ein Schlüsselelement für die Zukunft. Nachhaltig produzierte Lebensmittel sind gut für uns und ihre Erzeugung ist es auch für den Planeten.

Darüber hinaus bedeutet Ernährung so viel mehr: Sie bedeutet Lebensfreude, Völkerverständigung, Genuss, Zusammenkommen, Tradition – das möchte ich: und zwar für alle! Denn unser Planet kann, wenn er pfleglich behandelt wird, auch zehn Milliarden Menschen ernähren. Wir als Weltgemeinschaft können die planetaren Grenzen bewahren und das Nachhaltigkeitsziel »Kein Hunger« erreichen.

Dr. Ophelia Nick ist seit 2021 ist Mitglied des Deutschen Bundestages und seit dem 8. Dezember 2021 Parlamentarische Staatssekretärin beim Bundesminister für Ernährung und Landwirtschaft. Sie ist Geschäftsführerin der Lebendigen Landwirtschaft gGmbH, Mitglied im Beirat des Maschinenbauunternehmens Voith und Geschäftsführerin der Familiengesellschaften. Zudem ist sie Geschäftsführerin der IG Talhof gGmbH und hat den Vorsitz des Vereins Talhof erLeben e. V. inne.

Ziel 3: Gesundheit und Wohlergehen

Ein gesundes Leben für alle Menschen jeden Alters gewährleisten und ihr Wohlergehen fördern

Gesundheit und Wohlergehen in der Weltgesellschaft

Prof. em. Dr. Gerhard Ehninger
Arzt, Forscher und Unternehmer

Wann beginnen Zivilisation und Kultur in der Entwicklung des Menschen? Die Anthropologin Margaret Mead antwortete auf diese Fragen nicht mit dem Hinweis auf Tontöpfe oder Schleifsteine. Das erste Zeichen der Zivilisation sei ein menschlicher Oberschenkelknochen, der gebrochen war und dann geheilt worden sei. Wer sich im Tierreich ein Bein bricht, stirbt. Entweder kann das Tier keine Beute mehr machen oder es wird selbst zur Beute. Ein geheilter Oberschenkelbruch ist der Beweis dafür, dass sich jemand Zeit genommen hat, um bei dem Kranken zu bleiben, ihn zu versorgen und zu pflegen. Hier, so Mead, beginnen Kultur und Zivilisation. Wir Christen nennen es tätige Nächstenliebe, die Sozialisten Solidarität.

Gute Therapien sind häufig einfach ...

Das Coronavirus hat offengelegt, wie es heute um den Grad der Zivilisation auf der Welt bestellt ist. Bei der Eindämmung des Virus spielte die High-Techmedizin bis zur Zulassung der ersten Impfstoffe kaum eine Rolle. Einfache Maßnahmen wie die Beschränkung von Kontakten und das Tragen eines Mund- und Nasenschutzes waren die wirksamsten Mittel. Viele Fachdebatten, zum Beispiel zur Ansteckungsgefahr, die von Kindern ausgeht, täuschen die Öffentlichkeit darüber hinweg, dass sich die wissenschaftliche Community weltweit über die Eigenschaften des Virus, die Verbreitungswege und geeignete Maßnahmen einig war und ist.

Trotz der für alle gleichermaßen einfachen Mittel haben die Regierungen auf der Welt mal mehr oder sehr wenig zivilisiert auf die Herausforderung reagiert. Die global unterschiedlichen Verläufe und Todeszahlen legen davon Zeugnis ab.

Obwohl ich als Hämatologe und Onkologe medizinisch eher in einem hoch spezialisierten und entsprechend preisintensiven Zweig der Medizin unterwegs bin, ist festzustellen: Ein sehr großer Teil jener Krankheiten, die global sehr viele Menschen betreffen, lässt sich mit relativ einfachen Therapien behandeln.

... und preiswert
Zuallererst wären jene Krankheiten zu nennen, die in der Folge von Mangel- und Unterernährung auftreten. Betroffen sind über 800 Millionen Menschen, denen ganz leicht zu helfen wäre. Mangels Solidarität und Nächstenliebe kommt das Nachhaltigkeitsziel, die Zahl chronisch mangelernährter Kinder zu halbieren, kaum voran. In den meisten Ländern reicht ein Betrag von einem Euro am Tag aus, um ausreichend und gesund zu essen. Kaum Fortschritte macht das SDG auch bei dem Unterziel, die Menschen mit einem Zugang zu sauberem Wasser und einfachen Hygienemitteln auszustatten. 361.000 Kinder sterben jährlich, weil es daran fehlt. Mangelernährung ist übrigens keine Diagnose, die auf die Entwicklungsländer begrenzt ist. Sie tritt, während der Pandemie häufiger als sonst, auch in den USA auf.

Eine Pandemie ohne adäquate Reaktion
Während die Gesundheit und das Wohlergehen eines großen Teils der Weltbevölkerung unter Mangel leiden, breiten sich in den Überflussgesellschaften neue Krankheiten geradezu pandemisch aus. 1,9 Milliarden Menschen sind übergewichtig, 650 Millionen sind von Adipositas betroffen. Es bräuchte außer politischem Willen und entsprechender Konfliktfähigkeit nicht viel, um diese Pandemie einzudämmen und den meisten der betroffenen Personen zu helfen.

Nach Jahrzehnten der Diskussion und ungezählten Warnrufen von uns Medizinern gelang es, dem stetig wachsenden Anstieg der Nikotinsucht entgegenzutreten. Dazu bedurfte es der politischen und juristischen Auseinandersetzung mit der Zigarettenindustrie, die Lungenkrebs und Herzkreislauf-Erkrankungen als Kollateralschäden ihres Geschäftsmodells billigend in Kauf nahm und nimmt.

Ähnlich verhält es sich mit Teilen der Lebensmittelindustrie, insbesondere der Zuckerlobby. Adipositas als pandemische Erscheinung (lt. WHO) trat in jenen Ländern auf, in denen es der Lebensmittelindustrie gelang, mit

Fertiggerichten und Süßgetränken die traditionellen Ernährungsgewohnheiten in den Hintergrund zu drängen. Ihren Ausgang nahm die Adipositaspandemie in den USA, wo inzwischen fast 40 Prozent der Bevölkerung betroffen sind.

Ebenso wie Hunger und Mangelernährung ist das Auftreten von Adipositas eindeutig von sozialen Merkmalen geprägt. Gut gebildete und verdienende Menschen erkranken deutlich weniger an Fettleibigkeit. Ist das der Grund, warum wir gegen die Ursachen dieser Seuche so unentschlossen vorgehen? Um mit Margaret Mead zu sprechen: Ist unsere Gesellschaft zivilisatorisch so deformiert, dass das Leben der Begüterten und Einflussreichen mehr wert ist als das des ärmeren Teils der Bevölkerung? Die immensen Kosten für das Gesundheitswesen, die körperlichen und seelischen Leiden der Betroffenen: Welche Argumente braucht es noch, um ein Einschreiten gegen diese Fehlentwicklung zu rechtfertigen?

Es braucht Empathie, die über Grenzen reicht

Die Chancen stehen gut, über die Coronaimpfung das normale Leben zurückzugewinnen. Doch es wird ein Pyrrhussieg werden, wenn wir nicht gleichzeitig die ganze Welt mit Impfstoff versorgen. Die Freigabe von Patenten würde dazu nichts beitragen, schlimmstenfalls die Innovationsfähigkeit der Forschung einschränken. Was es braucht, sind tätige Nächstenliebe oder Solidarität derjenigen, die über den Impfstoff verfügen. Denn in diesem Fall ist evident: Nur eine weltweite Impfkampagne wird dafür Sorge tragen, Corona einzudämmen und zu verhindern, dass das Virus in immer neuen Varianten zu uns zurückkehrt.

In unserer Zivilisation ist es selbstverständlich, ein gebrochenes Bein zu versorgen, den Menschen zu pflegen und so lange zu schonen, bis er wieder in seinen Alltag entlassen werden kann. Anders als in der Frühzeit haben wir die menschliche Kleingruppe verlassen, uns zu größeren Einheiten in Dörfern und Städten zusammengeschlossen und in der Neuzeit begonnen, Nationalstaaten zu gründen. Aber auch die lassen wir mehr und mehr hinter uns in Richtung einer eng vernetzten Weltgesellschaft, in der vielfältige Abhängigkeit, aber auch mancherlei Vorteile entstehen. Unsere Fähigkeiten zur Nächstenliebe, zur Empathie und zur Solidarität haben mit dieser Entwicklung nicht Schritt gehalten. Corona lehrt uns: Nicht nur in Wirtschaft, Wissenschaft und Forschung, sondern auch bei unserer Gesundheit sind wir zu Bürgerinnen und Bürgern *einer* Welt geworden.

Prof. em. Dr. Gerhard Ehninger ist Arzt, Forscher und Unternehmer und lehrte als Mediziner in Tübingen und Dresden. Er ist Mitgründer der Deutschen Knochenmarkspenderdatei DKMS. 2002 gründete Ehninger die Firma Cellex und 2011 zusammen mit Michael Bachmann die Firma GEMoaB Monoclonals. In diesen Firmen werden neue Medikamente aus ihren wissenschaftlichen Arbeiten zur Immuntherapie mit neuen Antikörpern und gentechnologisch veränderten Immunzellen entwickelt.

Die Wert-schöpfungs-ketten gehören auf den Prüfstand

Sandy Richter
Betriebsratsvorsitzende IDT Biologika

In Deutschland ist spätestens mit dem Ausbruch der Coronapandemie im März 2020 die Pharmaindustrie wieder in den Fokus der breiten Öffentlichkeit gerückt. Unter Hochdruck wurde an der Erforschung des neu-artigen Virus und an der Entwicklung wirksamer Medikamente und Impfstoffe gearbeitet. Dabei kamen leider auch zahlreiche Versäumnisse und Fehlentscheidungen der Vergangenheit zum Vorschein.

Ein großes Problem, das der Pharmabranche auch heute noch, mehr als zwei Jahre nach dem Ausbruch der Pandemie, zu schaffen macht, ist die Verlagerung von Produktionsstandorten ins Ausland. Die Pandemie hat uns vor Augen geführt, wie labil ein System ist, das von offenen Grenzen und grenzüberschreitenden Warentransporten abhängt. Mit einem Schlag waren einige Rohstoffe und Ausgangsmaterialien, aber auch Equipment und Ersatzteile kaum noch verfügbar.

Teilweise erschwerten auch Entscheidungen und Beschlüsse der Bundesregierung im Rahmen der Pandemie die tägliche Arbeit. Ein Beispiel dafür ist die Verordnung zum Tragen einer medizinischen Mund-Nasen-Bedeckung. In der Impfstoffproduktion gehört diese zwar zur Standardschutzausrüstung der täglichen Arbeit, jedoch war der Verbrauch bis dato verhältnismäßig gering. Mit den nun aber aufkommenden Massenbestellungen waren die Hersteller schlicht überfordert. Es gab auf dem ganzen Markt keine verfügbaren Masken mehr. Dadurch wurde die Produktion der Impfstoffe gefährdet, und man musste in aller Eile nach Alternativen suchen.

Wertschöpfungsketten auf den Prüfstand
Diese Beispiele lassen Zweifel aufkommen, ob wir mit Blick auf die medizinische Versorgung und damit im Kern auch mit Blick auf das Ziel der Vereinten Nationen, ein gesundes Leben für alle Menschen jeden Alters gewährleisten und ihr Wohlergehen fördern zu wollen, wirklich schon alles getan haben. Wie nachhaltig sind die Wertschöpfungsketten in der Pharmabranche heute? Wissen wir wirklich, unter welchen sozialen Bedingungen und Beschäftigungsstandards Wirk- und Impfstoffe in Indien, China und anderswo entstehen? Haben sich die Konzerne womöglich zu sehr auf andere verlassen und haben Produkte und Produktion einfach ziehen lassen? Hauptsache, die Marge stimmt? Die Wertschöpfungsketten, wollen sie sozial, wirtschaftlich und ökologisch nachhaltig sein und unsere Gesundheitsversorgung jederzeit gewährleisten können, gehören jedenfalls auf den Prüfstand.

Deutschland hat zuletzt kaum noch Impfstoffe produziert – ein großes Manko, wie sich in einer Krisenlage wie der aktuellen schmerzlich zeigte. Jetzt haben wir immerhin gegengesteuert: mit Kooperationen zwischen forschenden und produzierenden Unternehmen, mit breiten Schulungsprogrammen für die Beschäftigten. Ein Kraftakt der Solidarität.

Das ist schon deshalb nicht selbstverständlich, weil auch wir massiv den Fachkräftemangel zu spüren bekommen. Das liegt zum Teil daran, dass gut ausgebildete Fachkräfte die freie Wahl haben und sich dann natürlich den Arbeitgeber mit dem besten Angebot aussuchen. Zum anderen aber auch, dass eher handwerkliche beziehungsweise körperlich fordernde Berufe nicht mehr hoch im Kurs stehen. Zudem besteht eine Unsicherheit für die Zukunft, ob sie nun begründet ist oder nicht.

Dabei ist es für eine Branche, die Wohlergehen und Gesundheit im Sinne der UN-Nachhaltigkeitsziele gewährleisten muss, zwingend erforderlich, Know-how und hohe Beschäftigungsqualität zu garantieren. Nur: Wie sieht denn das Berufsbild eines Laboranten in Zukunft aus, wenn alles digitalisiert und automatisiert ist? In Gesprächen mit jungen Kolleg*innen kommt immer wieder zum Ausdruck, dass diese Themen in der Ausbildung noch keine große Rolle spielen. Die Debatten um Homeschooling und die desaströse Ausstattung der Schulen und Schüler*innen mit technischem Equipment und Internetzugang hören auch bei den Berufsschulen nicht auf.

Chancengleichheit? Leider nicht.

Engagierte Arbeitgeber versuchen, diesen Mangel mit eigenen Mitteln auszugleichen. Aber nicht jeder Arbeitgeber hat diese Finanzkraft, sieht das Problem in seiner Verantwortung oder interessiert sich überhaupt dafür. Und so startet nicht jeder junge Mensch mit den gleichen Chancen in die Ausbildung und das Berufsleben.

Außerdem muss es Konzepte geben, wie man das Personal auf den Weg der Transformation zur »smarten Fabrik« mitnimmt und beteiligt. Weiterbildungen und Entwicklungsmöglichkeiten müssen für den Arbeitgeber verpflichtend sein. Die Mitarbeiter*innen müssen aber auch einen Sinn in ihrer Tätigkeit und einer Weiterentwicklung sehen. Eine Schulung darf dabei nicht zu einer Beschäftigungsmaßnahme verkommen. Und nicht alle Mitarbeiter*innen sind bereit, den Weg mitzugehen. Auch für diese Kolleg*innen muss es Konzepte geben. Eine Entweder-oder-Lösung ist nicht zielführend, denn dabei geht oft viel, meist praktisches, Wissen verloren.

In Umfragen der Vertrauensleute kommt immer häufiger zur Sprache, dass sich die Mitarbeiter*innen mehr Zeitsouveränität wünschen. Waren es früher eher die älteren Beschäftigten, die gern früher in Rente gehen oder die tägliche Arbeitszeit verkürzen wollten, betrifft es inzwischen immer mehr junge Leute, die auch mit einem finanziellen Ausgleich für Schichtarbeit nur noch schwer zu motivieren sind.

Es braucht daher moderne Arbeitszeitmodelle und Wahlmöglichkeiten für jeden Einzelnen, sodass die Arbeitssituation möglichst gut auf die jeweilige Lebenssituation angepasst werden kann. Unerlässlich sind zudem gute betriebliche Gesundheitsmanagementsysteme und -angebote, um die Kolleg*innen möglichst lang gesund und arbeitsfähig zu erhalten. Um solche Angebote auf die Ansprüche der Mitarbeiter*innen anzupassen und durchzusetzen, bedarf es starker Betriebsräte und Vertrauensleute im Betrieb. Nur wer gesund arbeitet, kann auch Gesundheit »produzieren«.

Sandy Richter ist seit 2018 Betriebsratsvorsitzende bei dem Biopharmaunternehmen IDT Biologika, das biotechnologisch hergestellte Impfstoffe und Pharmazeutik entwickelt. Zuvor arbeitete Frau Richter dort nach ihrem Studium der Biotechnologie als technische Mitarbeiterin in der virologischen Qualitätskontrolle der IDT sowie in der Produktion Humanimpfstoffe als Prozessassistentin (IDT).

Klarheit für Familien- unternehmen!

Christoph Harras-Wolff
Geschäftsführender Gesellschafter
der Dr. Wolff Group

Hinter dem Erfolg von Familienunternehmen stehen seit Generationen Menschen, die sich mit Leib und Seele für das Unternehmen einsetzen und eingesetzt haben. Auf solche Nachhaltigkeit sind wir auch in unserem Unternehmen stolz: Nach dem Firmengründer Dr. August Wolff, seinem Sohn Dr. Kurt Wolff und dessen Ehefrau Doris Wolff stehen heute Christoph Harras-Wolff und sein Cousin Eduard R. Dörrenberg in der Verantwortung für das 116 Jahre alte Familienunternehmen, für dessen Mitarbeiter und deren Familien. Diese Verantwortung spüren wir auch gegenüber der Region Bielefeld, aus der heraus das Unternehmen mit seinen Produktionsstandorten Deutschland, aber mittlerweile auch 62 Länder in der ganzen Welt beliefert.

Nachhaltigkeit und Verantwortung stecken also schon seit jeher in der DNA unseres Familienunternehmens. Die zu Ehren des 90. Geburtstages von Doris Wolff ins Leben gerufene Doris Wolff Stiftung ist nur ein sichtbarer Teil davon. Als Familienunternehmer im Gesundheitsbereich fühlen wir uns dabei nicht nur dem SDG 3 »Gesundheit und Wohlergehen« verpflichtet, sondern allen Nachhaltigkeitszielen der Vereinten Nationen.

Nachhaltiges Unternehmertum im Gesundheitswesen benötigt nicht nur die richtigen Rahmenbedingungen, sondern auch ein Commitment von Politik und Gesellschaft zu solchem Unternehmertum. Unternehmen brauchen Klarheit über die vom Staat gesetzten Rahmenbedingungen, über damit verbundene Belastungen, Entlastungen und Investitionsbedingungen.

»Geiz-ist-geil-Mentalität« zerstört den Standort D

Als Mittelständler in einem globalen Wettbewerb benötigen wir einen Rahmen, der uns an unseren Standorten eine wettbewerbsfähige Produktion ermöglicht – aktuell und auch in Zukunft. Wir erleben aber das Gegenteil, nämlich eine bundespolitische Regulation und Denkweise, die bei allen Aspekten im Gesundheitswesen nur auf Kostenersparnis setzt, gerade auch bei Arzneimitteln. Dabei machen Arzneimittel am Gesamtetat lediglich etwa 16 Prozent der Kosten des Kassenmarktes aus. Es ist nicht nachhaltig, durch eine übertriebene »Geiz-ist-geil-Mentalität« weiter dafür zu sorgen, dass Produktion aus Deutschland abwandert.

Wir agieren in einem globalen Markt, umgeben von multinationalen Großkonzernen. Wir können hier nur dann nachhaltig erfolgreich sein, wenn wir schneller und mit anderen Mitteln, Konzepten und Ideen antreten. So, wie Asterix gegen die Römer das erfolgreich machte: Wir sind quasi der Asterix aus Ostwestfalen!

Wir haben ein hohes wissenschaftliches Know-how, Mut und einen langen Atem und können so oft mit innovativen Produkten Probleme lösen. Nachhaltiges Handeln heißt für uns auch, Produkte mit einem Mehrwert zu entwickeln, mit einem wirklichen Zusatznutzen für Patienten und Verbraucher. Unser Firmengründer ist damals sehr bewusst in den Gesundheitsmarkt gegangen. Es bereitet uns heute noch täglich Freude, dass wir mit unseren Produkten Menschen bei gesundheitlichen Sorgen helfen können.

Wenn dann aktuell im Zuge der Impfstoffe über den Wegfall von Patenten diskutiert wird, dann mache ich mir große Sorgen. Ohne unternehmerisches Risiko hätten wir heute nicht mehrere verfügbare und hochwirksame Impfstoffe gegen das Coronavirus. Dass man darüber nachdenkt, Patente wegfallen zu lassen, und die Unternehmen damit gleichsam zur »Belohnung« ihrer getragenen Risiken bestraft werden, ist gewiss der falsche Weg, um zu innovativen Medikamenten zu gelangen.

Patente wahren: das Beispiel Insulin

Dazu ein Beispiel aus unserer Firmengeschichte: Nach dem Zweiten Weltkrieg konnte Dr. Kurt Wolff die Genehmigung der britischen Besatzungsbehörde zum Wiederaufbau der zerbombten Produktion erlangen, weil er ein Patent zur Herstellung von Insulin besaß. Da große Firmen wie Höchst ebenfalls zerstört waren und an Insulin extremer Mangel herrschte, bot sich für unser Unternehmen die Chance für einen Neuanfang, aber auch für wichtige Hilfe. So sahen es auch die britischen Besatzer, die gar nicht auf die Idee kamen, meinem Großvater das Patent wegzunehmen.

Ohne Produktionsstätte und Produktions-Know-how hätten sie damit auch nichts anfangen können.

Mein Großvater hat aber dann nach kurzer Zeit das Patent freigegeben, damit auch die sich dann ebenfalls wieder am Markt befindlichen großen Insulinhersteller auf diese Art den Menschen im Nachkriegsdeutschland helfen konnten. Deshalb sollte die Politik gemeinsam mit den Patentinhabern nach anderen Strategien suchen, denn sonst wird niemand mehr künftig dazu bereit sein, unternehmerische Risiken in der Bekämpfung von verbreiteten Krankheiten oder gar Pandemien einzugehen.

Wir brauchen wieder einen Geist von »made in Germany«, denn schließlich waren wir in Deutschland einmal die »Apotheke der Welt«. Das bedeutet aber heute auch, dass einem dieses »made in Germany« auch wieder etwas wert sein muss. Wir sind in unserem Familienunternehmen stolz, dass wir bis heute mit unseren Produktionsstandorten aus Bielefeld in die ganze Welt exportieren. Aber auch wir stehen zunehmend unter Kostendruck und hoffen auf eine Politik, die auch über die Regulatorik ein Produktionsengagement in Deutschland honoriert. Wir wollen auch in Zukunft erfolgreich bleiben – und das im Sinne unserer Familien-DNA nachhaltig und erfolgreich.

Christoph Harras-Wolff ist geschäftsführender Gesellschafter der Dr. Wolff Group, verantwortlich für die Bereiche Supply Chain sowie Recht und zuständig für die Verbandsarbeit. Der Jurist arbeitete zunächst in München als Rechtsanwalt, bevor er bei der Dr. August Oetker Nahrungsmittel KG in Bielefeld unternehmerische Erfahrung sammelte. Hier lagen seine Schwerpunkte im Controlling und beim internationalen Einkauf.

Ziel 4: Hochwertige Bildung

Inklusive, gleichberechtigte und hochwertige Bildung gewährleisten und
Möglichkeiten lebenslangen Lernens
für alle fördern

Neue Beschleu- nigung von Innovations- und Bildungs- prozessen

Theresia Bauer
Ministerin für Wissenschaft, Forschung
und Kunst in Baden-Württemberg

Wissenschaft und Forschung sind die Grundlage einer nachhaltigeren Gesellschaft und damit für grünen Wohlstand. Investitionen in neues Wissen sind globale Investitionen in evidenzbasierte Zukunftsvorsorge – zum Beispiel bei der Bekämpfung des Klimawandels, des Artensterbens oder von Volkskrankheiten wie Krebs, für die nachhaltige Gestaltung der Digitalisierung, für neue Formen der Mobilität und für den Umstieg auf eine nachhaltige Wirtschafts- und Arbeitsweise.

Innovationsökosysteme als neue Innovationskultur
Die Förderung eines leistungsfähigen Wissenschaftssystems, einer offenen Innovationskultur und des wechselseitigen Transfers von Wissen, Ideen und Technologien in Wirtschaft und Gesellschaft sind wichtige SDG-übergeordnete Ziele.

Die Pandemie hat uns vor Augen geführt, dass eine Fokussierung auf einzelne Elemente des Innovationssystems zu kurz spränge: Ohne jahrelange

Investitionen in vermeintlich wenig gewinnbringende Grundlagenforschung im Bereich der Gentechnik hätte es so kurzfristig Impfstoffe nicht gegeben – und ohne zuvor aufgebautes Anwendungswissen und Kooperationsbereitschaft wären die Impfstoffe nicht vor Ort verfügbar.

Gleiches gilt für Transformationsprozesse hin zu mehr Nachhaltigkeit: Grundlagenforschung und deren Anwendung müssen im Zusammenspiel gestärkt werden. Wir müssen das globale Innovationssystem entlang der gesamten Wertschöpfungskette stärken – regulatorisch, finanziell und strukturell. Dazu gehört vernetzte Kooperation zwischen Prozessen und den beteiligten Akteuren aus Wissenschaft und Wirtschaft. Aus guten Gründen ist in den letzten Jahren der Begriff der »Innovationsökosysteme« entstanden, in denen Grundlagenforschung nicht als Lieferant neuen Wissens, sondern auch als Kooperationspartnerin der Anwendung gesehen wird.

Die Chancen dieses Ansatzes sollten stärker auf nationaler und internationaler Ebene ergriffen werden. Mit dem »Cyber Valley« zur Erforschung von KI hat die baden-württembergische Landesregierung erstmals das Modell lokal in die Praxis umgesetzt – die Ergebnisse lassen sich auch im internationalen Vergleich bereits nach wenigen Jahren sehen. Seitdem ist das Modell Baden-Württembergs eine Blaupause für weitere Innovationscampusmodelle geworden, die auf den Ökosystemgedanken setzen.

Es gibt eine starke Interdependenz zwischen den einzelnen Teilbereichen der UN-Nachhaltigkeitsstrategie und der entsprechenden Wissenschaftsthemen. Die Umsetzung der 17 SDG erfordert, dass Themen in Ökosystemen vernetzt angegangen werden – was erfreulicherweise bereits häufig praktiziert wird.

Beispiele auf Landesebene
Seit 2011 konnte die Landesregierung in Baden-Württemberg Erfahrungen zu neuen Kooperationsformaten sammeln. Seit 2015 werden Reallabore an Hochschulen und außeruniversitären Forschungseinrichtungen gefördert. Sie ermöglichen es, gesellschaftliche Veränderungsprozesse besser zu verstehen und zu gestalten. In Reallaboren wird transdisziplinär mit verschiedenen Akteuren geforscht. Themen wie Stadtentwicklung, Mobilität, Energiewende oder Bildung werden im Co-Design von Wissenschaft und Praxis bearbeitet. Bislang wurden 14 Reallabore erfolgreich abgeschlossen, weitere befinden sich in der Umsetzung. Seit 2012 existiert in Baden-Württemberg zudem ein erfolgreiches Hochschulnetzwerk »Bildung für nachhaltige Entwicklung« – auch hier steht der Netzwerkgedanke im Zentrum.

Die Landesregierung hat verstärkt partizipative und inter- beziehungsweise transdisziplinäre Forschungsansätze gefördert und Multiakteursplattformen etabliert, die den wechselseitigen Austausch zwischen Wissenschaft und Politik, Gesellschaft und Wirtschaft stärken. Zu relevanten Innovations- und Nachhaltigkeitsthemen haben wir ressortübergreifende Strukturen geschaffen. Dazu gehören zwei erfolgreiche ressortübergreifende

Dialogformate, der »Strategiedialog Automobilwirtschaft« und das »Forum Gesundheitsstandort BW«. Der neue Koalitionsvertrag der grün-schwarzen Koalition für die kommenden fünf Jahre sieht deren Fortführung ebenso vor wie die Ausweitung des Formates auf »innovatives und nachhaltiges Bauen«.

Mehr Innovation allein reicht nicht aus

Um neues Wissen für mehr Nachhaltigkeit effektiv in die Anwendung zu bringen, brauchen wir weltweit bekanntlich starke Schulen und Hochschulen. Aus- und Weiterbildung sind, neben Innovationen, eine zweite SDG-übergreifende Voraussetzung für mehr Tempo bei der Nachhaltigkeit. Hochschulen kommt dabei eine Schlüsselrolle an dem Schweißpunkt zwischen Innovationen und (Weiter-)Bildung zu.

Der globale, umfassende Strukturwandel durch die Digitalisierung wird dabei zurzeit im Brennglas der Pandemie im Bildungsbereich überdeutlich sichtbar. Ohne digitale Kompetenzen in der Breite werden weder der digitale Strukturwandel noch die Transformation in Richtung Nachhaltigkeit ohne große soziale Verluste zu bewältigen sein. Die Vermittlung digitaler Kompetenzen auf hohem Niveau wird mithin eine zentrale Aufgabe für die Hochschulsysteme der nächsten Jahre – von der Grundlagenforschung bis zur akademischen Weiterbildung. Entsprechend haben wir als Landesregierung im aktuellen Koalitionsvertrag einen umfassenden Dialogprozess zur »Hochschule in der digitalen Welt« für die kommenden Jahre vorgesehen. Auch hier gilt: Herausforderungen im Dialog konkret formulieren und kooperativ über Sektorengrenzen hinweg angehen.

Lokale Modelle skalieren

Räumliche Nähe, wie sie in Baden-Württemberg besteht, ermöglicht das rasche Entstehen vertrauensvoller Dialogformate. Das sind nahezu ideale Voraussetzungen für neue Innovationsökosysteme. Entsprechend ist das Baden-Württemberg-Modell nicht zur bloßen Nachahmung geeignet. Ich wünsche mir, dass wir Erfahrungen und Erkenntnisse zu neuen Innovations- und Bildungsökosystemen stärker zusammenführen, um Chancen für neue zukunftsweisende Strukturen zur schnelleren Erreichung der SDG zu nutzen. Mehr Investitionen und neue Strukturen zur Beschleunigung von Innovations- und Bildungsprozessen ermöglichen die dringend notwendige Dynamik zur Erreichung der UN-Ziele.

Theresia Bauer ist seit Mai 2011 Ministerin für Wissenschaft, Forschung und Kunst in Baden-Württemberg. Zwischen 1993 und 2001 war sie Referentin für politische Bildung in der Gesellschaft für politische Ökologie, anschließend Geschäftsführerin der Heinrich-Böll-Stiftung Baden-Württemberg. Seit 2001 gehört sie für Bündnis 90/Die Grünen dem Landtag von Baden-Württemberg an. Dort war sie Mitglied im Ausschuss für Wissenschaft, Forschung und Kunst, hochschulpolitische Sprecherin, stellvertretende Fraktionsvorsitzende und Parlamentarische Geschäftsführerin der Fraktion.

Das deutsche Aufstiegs- versprechen erneuern!

Tilman Kuban
Mitglied des Deutschen Bundestages und
Bundesvorsitzender der Jungen Union

»Unseren Kindern soll es einmal besser gehen als uns heute.« Das ist das deutsche Aufstiegsversprechen. In ihm zeigen sich unsere Werte von Einigkeit und Recht und Freiheit. Doch das Versprechen steht heute mehr denn je auf dem Prüfstand. Auch neueste Studien zur sozialen Mobilität zeigen, dass viel zu wenige Kinder den Aufstieg schaffen. Zu lange haben wir uns außerdem als Land mit der Sicherung des Status quo zufriedengegeben. Während andere Nationen an uns vorbeiziehen, hat Deutschland notwendige Reformen vermissen lassen. Diese Schwachstellen zeigen sich in der Coronapandemie noch einmal deutlicher und führen uns vor Augen, dass das Aufstiegsversprechen nicht mehr selbstverständlich ist.

Dabei sind beste Bildungschancen der Schlüssel zum Aufstieg eines jeden Einzelnen und für eine höhere soziale Mobilität. Im 21. Jahrhundert liegt dieser Schlüssel vor allem in der digitalen Bildung. Die Pandemie hat uns einmal mehr vor Augen geführt, dass wir an einigen Stellen unseres Staates langsam, vielleicht auch ein wenig satt geworden sind. Wenn Schulserver kollabieren oder unsere Schulen die gängigsten Videokonferenztools, die selbst die größten Unternehmen der Welt problemlos nutzen, nicht verwenden dürfen, dann frage ich mich, ob die Hausaufgaben der Klasse 5b wirklich sensiblere Daten sein sollen als die Forschungsergebnisse von VW. Das kann nicht unser Anspruch sein!

Die Krise als Weckruf verstehen

Gerade deshalb müssen wir diese Krise als Weckruf verstehen. Wir haben in Deutschland die klügsten und innovativsten Köpfe der Welt. Wenn wir diesem Anspruch auch in Zukunft gerecht werden wollen, dann müssen wir wieder mehr in Bildung, Forschung und Digitalisierung investieren.

Neben der Vermittlung von Wissen und Können müssen in digitalen Zeiten der Umgang mit Medien und die Abrufbarkeit von Wissen viel mehr im Fokus der Bildung stehen. Dafür muss sich Schule der Lebenswelt der Schülerinnen und Schüler anpassen, um am Puls der Zeit zu bleiben und auf das Berufsleben und die neue Arbeitswelt adäquat vorzubereiten. Wir wollen, dass es eben keinen Unterschied macht, ob man in Bayern oder Brandenburg zur Schule geht, und setzen uns deshalb für eine nationale Lernplattform ein.

Um die Chancengleichheit beim Lernen zu gewährleisten, muss zukünftig jeder Schülerin und jedem Schüler ein eigenes digitales Endgerät zur Verfügung stehen. Denn Bildung darf nicht vom Geldbeutel der Eltern abhängen. Auch muss das Programm zur Ausstattung der Schulen mit Digitalhausmeistern endlich in die Fläche kommen. Seit zwei Jahren stehen hier 500 Millionen Euro vom Bund zur Verfügung, die bisher viel zu selten abgerufen werden. Gleiches gilt für unsere Berufsschulen. Sie sorgen für den Erhalt unseres hohen Niveaus der dualen Ausbildung in Deutschland und sind daher richtigerweise Teil des Digital-Paktes Schule.

Damit Schule auf die neue Arbeitswelt vorbereitet, müssen wir diese gestalten statt erleiden wollen. Durch die zunehmende Automatisierung und Robotisierung gehört zur Zukunft der Arbeit auch, dass einzelne Arbeitsplätze und Berufe in den nächsten Jahren wegfallen, während auf der anderen Seite neue Jobs entstehen werden. Der Schlüssel für diese Herausforderungen ist eine neue Weiterbildungskultur.

Noch immer finden in Deutschland 90 Prozent der Bildungsinvestitionen in einen jeden Menschen in den ersten 25 Lebensjahren statt. In einer Zeit des Wandels und der Innovationen darf das nicht unser Anspruch sein. Vielmehr müssen wir zeigen, dass auch in Zukunft die Fähigkeiten und Kenntnisse der Arbeitnehmerinnen und Arbeitnehmer auf dem Arbeitsmarkt gefragt sein werden und es den Arbeitgebern gelingt, entsprechend Arbeitskräfte für ihren Bedarf aus- und weiterzubilden. Dafür wollen wir mit einer digitalen Weiterbildungsplattform der Bundesagentur für Arbeit die vorhandenen Angebote bündeln und passgenau anbieten.

Zudem braucht es langfristig einheitliche Weiterbildungszertifikate und -abschlüsse in jedem Berufsfeld. Während wir bei der Berufsausbildung ein einheitliches Ausbildungssystem und eine hohe Vergleichbarkeit der Abschlüsse haben, ist diese bei der Weiterbildung noch sehr unterschiedlich gestaltet. Hier könnte die chemische Industrie mit mehr als 500 000 Mitarbeitern in Deutschland Pionierarbeit leisten und (wieder einmal) vorangehen.

Ich bin mir sicher, dass der Aufstieg des Einzelnen und unseres Landes wieder möglich werden kann und wir das Aufstiegsversprechen für unsere Generation erneuern – mit Mut, Optimismus, Freiheit, Eigenverantwortung und Gemeinsinn. Dafür lohnt es sich zu kämpfen.

Tilman Kuban ist seit 2021 Mitglied des Deutschen Bundestages und seit 2019 Bundesvorsitzender der Jungen Union. Nach seiner juristischen Ausbildung war er von 2016 bis zu seiner Wahl in den Deutschen Bundestag für die Unternehmerverbände Niedersachsen als Leiter Recht und Nachhaltigkeit tätig.

Nachhaltig aus- und weiterbilden: ein Erwerbsleben lang

Francesco Grioli
Mitglied im geschäftsführenden
Hauptvorstand der IGBCE

Inzwischen ist klar, dass der Beruf, den man erlernt, nicht der Beruf sein muss, mit dem man später auch in die Rente geht. Durch die digitale Transformation wandeln sich ganze Branchen so sehr, dass Arbeitsplätze auf Dauer verloren gehen und sogar ganze Berufsfelder verschwinden. Gleichzeitig entstehen aber auch neue Tätigkeiten und Berufe. Neben der Anpassung und Weiterentwicklung von Berufen wird also auch immer relevanter, wie freie und selbstbestimmte Berufsbildung über das gesamte Erwerbsleben ermöglicht wird.

Die Gefahr, dass nicht alle mithalten können oder nicht gleichermaßen Zugang zu Qualifizierung haben, wächst. Sie darf nicht zu einer sozialen Spaltung auf dem Arbeitsmarkt führen. Aus Transformation muss Fortschritt für alle werden – daher sind Beratung, Begleitung und Absicherung in der Lebenslaufbahnplanung der oder des Einzelnen heute von großer Bedeutung. Alle Bevölkerungsschichten müssen Zugang zu Aus- und Weiterbildung haben.

Freiräume für individuelle Entfaltung

Der ökonomische, ökologische, vor allem aber der soziale Erfolg der Transformation hängt davon ab, ob es uns gelingt, jede Generation mit höchsten Ansprüchen auszubilden und in die Arbeitswelt zu integrieren. Kreativität, Motivation, soziale Kompetenz, fachliche Fertigkeiten und Kenntnisse müssen mit dem Anspruch gefördert werden, alle Potenziale zu entfalten. Dabei müssen nicht nur technologische und digitale Fähigkeiten ausgebaut, sondern auch und gerade Eigeninitiative und Problemlösungskompetenz gefördert werden. Moderne Lerninhalte und -systeme, die nicht von Kosteneffizienz getrieben sind, sowie Freiräume für die individuelle Entfaltung: So stelle ich mir hochwertige Bildung vor.

Technologischer Wandel verändert die Arbeitswelt rasant. Der Entlastung bei Routinetätigkeiten und körperlich belastenden Arbeiten stehen anspruchsvollere Aufgaben, beispielsweise bei Assistenzsystemen oder Mensch-Maschine-Kooperationen, gegenüber. Arbeitsprozesse werden komplexer, neue Geschäftsmodelle und Branchen entstehen. Dabei sind jedoch die Beschäftigungseffekte gegenläufig: Entlassungen aufgrund von Rationalisierung und veränderten Geschäftsabläufen stehen einem wachsenden und unbefriedigten Fachkräftebedarf gegenüber. Die Bildungspolitik muss auf diese Entwicklung reagieren und dabei die Wechselwirkung zwischen Bildung und Innovation für einen gemeinsamen Fortschritt für alle nutzen – im Interesse der Beschäftigten und Unternehmen.

Die Bildungskette muss konsequent funktionieren und aufeinander abgestimmt sein. Beginnend in der schulischen, nachfolgend in der beruflichen Bildung müssen digitale Kompetenzen vermittelt und digitale Medien zur Organisation und Gestaltung des Lernens genutzt werden. Die Grenzen zwischen klassisch beruflicher und akademischer Ausbildung verwischen immer mehr, längst sind in den Ausbildungsberufen akademische Lerninhalte eingebettet. Abschlüsse etwa von Technikern, Fachwirten oder Meistern sind nach dem deutschen Qualitätsrahmen erfreulicherweise formal bereits dem Niveau eines Studienabschlusses gleichgestellt.

Um die im Grundgesetz verankerte Freiheit der Berufswahl zu sichern, ist es richtig und wichtig, dass die Wirtschaft dazu verpflichtet werden soll, ein ausreichendes Angebot von Ausbildungsplätzen bereitzustellen.

Revitalisierung der Tarifbindung

Die Attraktivität von Ausbildung wird im Betrieb durch eine starke Interessenvertretung, insbesondere durch die Jugend- und Auszubildendenvertretung (JAV), gesteigert. Dort finden junge Auszubildende vertraute Ansprechpartner*innen, die die internen Betriebsstrukturen kennen, bei Rechten und Pflichten von Azubis beraten und mit dem Ausbildungsbetrieb Rahmenbedingungen gestalten können. Insbesondere in kleinen und mittleren Unternehmen werden Ausbildungsbedingungen jedoch immer seltener auf Basis geltender Tarifverträge geregelt. Gute tarifliche Bezahlung und gute Ausbildungs- und Arbeitsbedingungen bleiben aber wesentliche Faktoren für eine dauerhafte Attraktivität bei Jugendlichen, unseren Fachkräften von morgen. Eine Revitalisierung der Tarifbindung ist daher unabdingbar für eine moderne und attraktive berufliche Erstausbildung.

Die Pandemie wirkt sich stark auf die Ausbildung aus: Viele Auszubildende haben mit Distanzlernen, fehlender Praxis in der Produktion, Kurzarbeit und anderen Problemen zu kämpfen. Zugleich sank die Zahl der neu abgeschlossenen Ausbildungsverträge 2020 bundesweit um 57 600 (– 11 Prozent) auf 467 500 und somit erstmals seit Jahrzehnten unter die Schwelle von 500 000. Auch in der chemischen Industrie ist die Zahl der Ausbildungsplätze zuletzt gesunken.

Deshalb müssen wir jetzt alles dafür tun, diese besorgniserregende Entwicklung umzukehren. Wir erwarten von den Unternehmen, dass Ausbildungskapazitäten wieder hochgefahren werden. Die Gesellschaft hat der Wirtschaft mit Milliardenbeträgen unter die Arme gegriffen. Wer jetzt an der Ausbildung spart, ist dieser Solidarität nicht wert! Außerdem ist ein solches Verhalten alles andere als nachhaltig. Nicht nur mit Blick auf die soziale Verantwortung der Wirtschaft für künftige Generationen, sondern auch mit Blick auf die Zukunftsperspektive des eigenen Unternehmens.

Francesco Grioli ist seit 2017 Mitglied im geschäftsführenden Hauptvorstand der IGBCE. Nach Ausbildung und Berufstätigkeit bei der Hoechst AG ließ er sich ab 1998 zum Gewerkschaftssekretär der IGBCE ausbilden. Dort wirkte er als hauptamtlicher Gewerkschaftssekretär, Leiter der Abteilung Jugend sowie anschließend der Abteilung Betriebsräte der IGBCE, bevor er Vorstandssekretär im Bereich Tarifpolitik/Finanzen wurde. Seit 2013 ist er Leiter des Landesbezirks Rheinland-Pfalz/Saarland der IGBCE. Grioli ist seit April 2022 Mitglied des Aufsichtsrates der Bayer AG.

Ziel 5: Geschlechtergleichheit

Geschlechtergleichstellung erreichen
und alle Frauen und Mädchen
zur Selbstbestimmung befähigen

Mehr Vielfalt in der chemischen Industrie!

Dr. Ilham Kadri
CEO, Vorsitzende der Konzernleitung
und Mitglied des Verwaltungsrats des
belgischen Chemieunternehmens Solvay

Ich war schon immer davon überzeugt, dass Unternehmen, bei denen »Dignity and Inclusion« (Würde und Einbeziehung aller) oberste Priorität haben, erfolgreich sein werden. Sie können auf das volle Potenzial ihrer Beschäftigten zählen und bleiben länger bestehen. Fortschritte beim nachhaltigen Entwicklungsziel 5 der Vereinten Nationen zur Geschlechtergleichheit und Befähigung von Frauen und Mädchen sind wichtig, vor allem in der immer noch von Männern dominierten chemischen Industrie. Die Herausforderungen reichen vom mangelnden Zugang zu Bildungsmöglichkeiten bis zu den überproportionalen Auswirkungen der Coronapandemie auf Frauen. Auch wenn die chemische Industrie hier Fortschritte macht, sind Frauen in Führungspositionen immer noch unterrepräsentiert.

Konzentration auf Gleichberechtigung und »Inclusion«
Um etwas zu bewirken, muss sich die Industrie – meiner Ansicht nach – zuerst auf Gleichberechtigung und »Inclusion« – die Einbeziehung aller – konzentrieren. Daraus wird ein Umfeld entstehen, in dem Vielfalt gedeihen kann.

An einem solchen Umfeld arbeiten wir bei Solvay. Ich bin stolz auf unsere Initiative im Bereich »Diversity, Equity and Inclusion« (DEI) namens »Solvay One Dignity« mit neun konkreten Zielen, die bis 2025 erreicht werden sollen. Hierdurch wird ein Umfeld geschaffen, um vielfältige Talente für uns zu gewinnen und an uns zu binden.

Durch »Solvay One Dignity« wollen wir ungewollte Entgeltlücken schließen, eine gerechte Besetzung von Stellen gewährleisten und eine Denkweise fördern, die alle einbezieht. Wir haben einen »Inclusion Index« eingeführt, um unsere Ergebnisse zu verbessern. Wir haben Assessment- und Entwicklungsprogramme für Solvay-Führungskräfte aufgelegt, um dieses Denken auszubauen und zu fördern und eine Kultur zu schaffen, in der sich jede und jeder Solvay-Beschäftigte ermutigt fühlt, erlebte Verhaltensweisen anzusprechen oder zu melden, wenn sie nicht dem einbeziehenden Grundsatz entsprechen. Außerdem messen wir seit Kurzem unsere »inclusive culture« durch eine unternehmensweite Umfrage. »Diversity« ist das, was man sieht; »Inclusion and Equity« ist das, was man tut.

Solvays DEI-Roadmap liegt mir sehr am Herzen. Sie ist fester Bestandteil unserer Geschäftsstrategie, weil Menschen in einem einbeziehenden, vielfältigen und fairen Umfeld besser arbeiten, kreativer und innovativer sind. Das ist gut für das Unternehmen. Um die Vielfalt in der chemischen Industrie zu verbessern, müssen wir ganz einfach ein Umfeld schaffen, in dem die Menschen bei der Arbeit ihr »ganzes Selbst« mit allen ihren Unterschieden einbringen und sich entfalten können.

Frauen an die Spitze helfen

Wenn das Umfeld nicht »stimmt«, werden wir talentierte Mitarbeiterinnen verlieren. Hier müssen Unternehmen und Institutionen die Messlatte höher legen und ein Umfeld schaffen, das Frauen beim beruflichen Aufstieg hilft. Ich bin stolz, dass wir bei Solvay weltweit die Elternzeit auf 16 Wochen verlängert haben – und zwar für alle Elternteile, unabhängig von Geschlecht, Geschlechtsidentität oder sexueller Orientierung. Denn wenn wir Frauen an die Spitze helfen wollen, müssen wir ihren Partnern die Möglichkeit geben, sie in für die Familie herausfordernden Zeiten zu unterstützen.

Ich freue mich außerdem, dass wir Teil von »The A Effect (Ambition Challenge)« sind. Das ist ein intensives 100-tägiges Schulungsprogramm, das etwa 150 Frauen pro Kohorte bei Solvay hilft, ihre Karriereambitionen zu verwirklichen. Dabei werden Selbstvertrauen, Risikomanagement und Netzwerken trainiert und weiterentwickelt. Die Resonanz ist hervorragend! Wichtig ist aber auch, Männer auf diesem Weg einzubinden. Ich bin ein großer Anhänger der Bewegung »Men Advocating for Real Change (M-A-R-C)«, die bei Solvay umgesetzt wird. Seit Auflegung von »Solvay One Dignity« haben mir einige männliche Beschäftigte ausdrücklich gedankt, dass sie durch diese Initiative geeignete Instrumente und Handlungsspielräume erhalten.

Förderung von MINT-Karrieren

Weltweit lag 2020 der Frauenanteil in den Studienfächern Mathematik, Informatik, Naturwissenschaft und Technik (MINT) nur bei 35 Prozent. Bei den Beschäftigten in der wissenschaftlichen Forschung und Entwicklung entfielen nur 29,3 Prozent auf Frauen. Wir müssen mehr tun, um allen Frauen und Mädchen die Tür zur Bildung, vor allem in den MINT-Bereichen, zu öffnen.

Als Industrie müssen wir auch selbst aktiv werden, so wie wir 2020 bei unserem »Solvay Citizen Day« alle unsere Beschäftigten aufgerufen haben, Kindern und Jugendlichen in den Schulen Chemie näherzubringen.

Es ist Zeit, »Diversity and Inclusion« mit der gleichen Dringlichkeit wie den Klimawandel zu betrachten. Dabei dürfen wir uns nicht durch unsere eigenen Vorstellungen und Erfahrungen einschränken lassen. Wir sollten neugierig sein und nicht das Rad neu erfinden, sondern von anderen lernen – auch von Kunden –, die schon weiter sind. Meine Hoffnung ist, dass wir die chemische Industrie zu einem offeneren Ort machen können, wo alle stolz sind, jeden Tag ihr »ganzes Selbst« mit allen ihren Unterschieden bei der Arbeit einzubringen, zu wachsen und zu gedeihen und sich zu entfalten.

Dr. Ilham Kadri ist seit 2019 CEO, Vorsitzende der Konzernleitung und Mitglied des Verwaltungsrats des belgischen Chemieunternehmens Solvay, das sich Innovationen zum Schutz des Klimas, zum Erhalt der Ressourcen und zur Verbesserung der Lebensqualität verschrieben hat. Zuvor war sie als Wissenschaftlerin im Bereich Polymerphysik und Chemie in verschiedenen Unternehmen tätig. Sie ist seit Oktober 2019 auch Mitglied des Exekutivausschusses des World Business Council for Sustainable Development (WBCSD).

Plan F –
F für Frauen

Karin Erhard
Mitglied des geschäftsführenden
Hauptvorstands der IGBCE

In Deutschland sind Frauen und Männer rechtlich gleichgestellt. Die tatsächliche Gleichstellung ist jedoch noch immer eine Aufgabe, der wir uns annehmen wollen und müssen. Deshalb haben wir den Plan F – F für Frauen entwickelt. Handlungsbedarf besteht vor allem aus diesen zwei Gründen:

1. Fachkräftemangel: Unseren Betrieben fehlt qualifiziertes Personal. Eine Antwort auf den Fachkräftemangel ist die Erhöhung der Erwerbsbeteiligung von Frauen.

2. Vielfalt: Diverse Teams sind nachweislich effektiver und erhöhen damit den wirtschaftlichen Erfolg der Unternehmen.

Unser Anspruch ist, die Gleichstellung in der Arbeitswelt zu realisieren. Hierfür sind wir aktuell in drei Arbeitsfeldern unterwegs. Wir wollen mehr Frauen in Führung, die geschlechtergerechte Gestaltung der Transformation und mehr Partnerschaftlichkeit etablieren.

Frauen in Führung
Die ungenügende Wirksamkeit des Gesetzes für die gleichberechtigte Teilhabe von Frauen und Männern an Führungspositionen führte zu ihrer Novellierung, angestoßen durch die Evaluation im Auftrag der

Bundesregierung, an der wir mitgewirkt haben. Fixe Quoten sind wirksamer als flexible. Gemeinsam mit dem BAVC konnten wir uns trotz unterschiedlicher Bewertung und Haltung darauf verständigen, dass für Frauen in Führung in den Betrieben mehr getan werden muss.

Hinsichtlich der Besetzung von Aufsichtsräten trägt die IGBCE aktiv dazu bei, dass auf der Arbeitnehmendenbank die Quoten erfüllt wurden und werden. Systematisch haben wir Kolleginnen als Kandidatinnen für den Aufsichtsrat gewonnen und aufgestellt. Auch die Anteilseignerbank hat sich weiterentwickelt. Klar ist aber, dass wir dort, wo die Quote nicht zur Anwendung kommt, weitere Anstrengungen unternehmen müssen, um mehr Frauen in die Aufsichtsräte zu bringen.

Geschlechtergerechte Transformation: Digitalisierung

Mit zunehmender Digitalisierung wird die Industrie sich weiter stark verändern. In den Prognosen sind es überwiegend von Frauen ausgeübte Tätigkeiten, etwa in den Büros, die von starken Rationalisierungseffekten zum Beispiel durch den Einsatz von KI betroffen sein werden. Begehrt sein werden auch in Zukunft IT-Spezialist*innen und Ingenieur*innen. In diesen Berufsfeldern ist der Anteil an Frauen weiterhin zu gering.

Daraus folgt: Die Verschiebung in der Nachfrage von Arbeit hat eine geschlechtsspezifische Dimension. Deshalb muss im Vorfeld von industriepolitischen Maßnahmen zwingend eine Folgeabschätzung vorgenommen werden, um die unterschiedlichen Auswirkungen der Maßnahmen auf Frauen und Männer zu erfassen. Nur dann kann es gelingen, die Transformation auch geschlechtergerecht zu gestalten.

Geschlechtergerecht müssen auch Technikgestaltung und -zugang gestaltet sein. Von KI wissen wir beispielsweise: Die Qualität von KI hängt von den eingespeisten Daten ab. Wird sich nur auf Daten aus der Vergangenheit gestützt, ist das Ergebnis einseitig und nicht geschlechtergerecht. Dies kann man anhand von Algorithmen zur Personalauswahl veranschaulichen: Fakt ist, dass im gegenwärtigen System überwiegend männliche Karrieren dargestellt wurden, weil das der Realität der Vergangenheit entsprach. Nimmt man vorurteilsfrei diese Daten, dann wird der Algorithmus eher Männer bei der Personalauswahl bevorzugen.

Partnerschaftlichkeit etablieren

Mit dem Ausfall der öffentlichen Infrastruktur und der Notwendigkeit, von heute auf morgen die Kinderbetreuung rein privat zu organisieren, haben die traditionellen Rollenbilder während der Coronapandemie eine Art Revival erlebt. Selbst in den Familien, die die Arbeitsteilung egalitär organisiert haben, waren es zu zwei Dritteln die Frauen, die während der Lockdowns die Fürsorgearbeit übernommen haben.

Diese Erfahrung hat uns gezeigt, wie wichtig die öffentliche Betreuungsinfrastruktur ist und dass wir diese weiter ausbauen müssen. Und zwar mit Tempo. Deswegen ist es bedauerlich, dass die Ganztagsgrundschulen erst

2026 eingeführt werden. Außerdem ist die Betreuung in den Ferienzeiten noch nicht gelöst. Diese Zeit zu überbrücken, ist für arbeitende Eltern regelmäßig eine große Herausforderung.

Damit Familien die Chance erhalten, Partnerschaftlichkeit zu leben und die Sorgearbeit fair aufzuteilen, müssen wir weiter daran arbeiten, die Rahmenbedingungen dafür zu gestalten.

Auf der gesetzlichen Ebene schlagen wir die Abschaffung des Ehegattensplittings und eine Weiterentwicklung des Bundeselterngeld- und Elternzeitgesetzes vor. Dabei sollen Anreize geschaffen werden, die Elternzeit gleich aufzuteilen. Beispielsweise könnten die Partnerschaftsmonate ausgedehnt werden oder die Höhe des Elterngeldes an die Verteilung der Elternzeit gekoppelt werden. Tarifvertraglich müssen wir die lebensphasenorientierte Arbeitszeit weiterentwickeln. Dazu gehört, Arbeitszeitsouveränität so zu gestalten, dass Vereinbarkeit von Beruf und Familie organisiert werden kann und gleichzeitig Rollenstereotype durchbrochen werden können.

Garant für Gleichstellung: gewerkschaftlich organisierte Betriebsratsgremien

Die Hans-Böckler-Stiftung hat mit ihren Untersuchungen messbar und nachvollziehbar gezeigt: Die Gleichstellung von Frauen und Männern ist signifikant besser, wenn ein Betriebsrat und gültige Tarifverträge existieren. Tarifverträge und die Einbindung unserer Betriebsräte und -rätinnen sind der beste Weg, um Gleichstellung im Betrieb zu verwirklichen. Dafür kämpfen wir als IGBCE, und deshalb streben wir bei Betriebsratswahlen auch in Zukunft eine Mehrheit in den gewerkschaftlich organisierten Betriebsratsgremien an.

Karin Erhard ist seit 2019 Mitglied des geschäftsführenden Hauptvorstandes der IGBCE. Von 2006 bis 2013 war sie dort Leiterin der Abteilung Tarifrecht/-gestaltung und von 2013 bis 2017 Vorstandssekretärin im Vorstandsbereich Tarife/Finanzen; von Oktober 2017 bis Juni 2019 war sie Justiziarin der IGBCE.

Geschlechter-gerechtigkeit:
eindimensio-nales Denken überwinden

Ekin Deligöz
Parlamentarische Staatssekretärin bei der
Bundesministerin für Familie, Senioren,
Frauen und Jugend

Am 30. Oktober 2021 kam der 20. Deutsche Bundestag zu seiner ersten Sitzung zusammen. Diese wurde von Wolfgang Schäuble als dienstältestem Abgeordneten eröffnet. In seiner Rede, die seine letzte am Pult des Bundestagspräsidenten war, sprach er unter anderem über das Spannungsverhältnis von Repräsentation und Repräsentativität:

»Verwechseln wir Repräsentation nicht mit Repräsentativität. Jeder Einzelne von uns bildet nicht einfach einen Teil des Volkes ab. Der Artikel 38 GG ist eindeutig: Abgeordnete – jeder Abgeordnete! – sind ›Vertreter des ganzen Volkes‹ (...) Wer Repräsentation mit Repräsentativität gleichsetzt, wird eine Fülle eklatanter Abweichungen finden.«

Die Hälfte der Bevölkerung ist weiblich – und im Bundestag?
In diesem Absatz seiner Rede steckt mehr, als Worte es ausdrücken können. Zum einen wird der Auftrag zum Zusammenhalt statt zur Spaltung angemahnt. Zum anderen könnte aber auch hineininterpretiert werden, dass die Abbildung der Vielfalt in einer Gesellschaft in den Parlamenten nicht unbedingt notwendig ist, da ja ohnehin alle dem ganzen Volke verpflichtet sind. Ganz im Gegenteil! Vielfalt könnte sich so zu einem

Ursprung des Auseinanderfallens statt des Zusammenführens der parlamentarischen Verantwortung und der Gesellschaft entwickeln. Demnach wäre es am besten, wenn diese Vielfalt, wenn sie als eine Schwäche gesehen wird, besser zu vermeiden wäre.

Genau diese Einstellung ist aber eine Rechtfertigung für bestehende Verantwortungsstrukturen, die sich durch alle Ebenen unserer Gesellschaft zieht: in der Wirtschaft, Verwaltung und eben auch in der Politik. Die Vielfalt der Gesellschaft findet sich bei Weitem nirgendwo in den Entscheidungsetagen wieder. »Weiße Männer unter sich, die sich selbst genug sind«, könnte der Titel der Beschreibung der Führungsetagen in Deutschland lauten. Schauen wir uns zum Beispiel den Anteil von Frauen – und das ist nur eines von zahlreichen Kriterien für Vielfalt – im 20. Deutschen Bundestag an. Es sind gerade einmal 34,8 Prozent, im letzten waren es 30,7 Prozent. Die Hälfte der Bevölkerung ist weiblich. Demokratie heißt auch in den Volksvertretungen ein Abbild der Gesellschaft wiederzugeben. Auch wenn diese, wie Schäuble sagt, »nie ein exaktes Spiegelbild der Bevölkerung« sein werden. Den Anspruch dazu aber sollten wir nicht aufgeben. Warum? Hierzu will ich ein paar Argumente liefern.

Vielfalt stärkt die Resilienz und hilft, Fehler zu vermeiden

Frauen sind nicht besser als Männer, Migranten haben nicht einen besseren Blick auf die gesellschaftlichen Problemlagen, Mandatsträger müssen nicht erst Benachteiligungserfahrung mitbringen, um sich eben für Gleichberechtigung einzusetzen. Sie alle bringen aber einen anderen Blick auf die Probleme und auf die Entscheidungsfindung mit. Dieser »andere Blick« minimiert Risiken der Entscheidungsfindung, bringt resilientere Ergebnisse hervor und vermeidet Fehler. Zahlreiche Studien aus der Wirtschaft und Wissenschaft bestätigen das. Um althergebrachte Strukturen zu rechtfertigen, werden deren Erkenntnisse aber kleingeredet oder gar als ein Nachteil dargestellt. Das entstellt die Realität.

Bekannt ist: Monotone Strukturen sind Treiber für gesellschaftliche Krisen, weil der immer gleiche Blick auf Problemlagen eindimensionales Denken fördert und nicht die passenden Analysen zur Lösungsfindung bei vielschichtigen Problemen liefert.

Frauen müssen mehrere Hürden überwinden, um Verantwortungspositionen zu erringen. Sie müssen besser in so ziemlich allem sein, um gleichermaßen wahrgenommen zu werden. Da gibt es erst mal die klassische »gläserne Decke«: Männer fördern Männer, Menschen ziehen als Nachwuchs in den Führungsebenen andere Menschen heran, die so ähnlich denken und handeln wie sie selbst. Vernetzungsstrukturen für Nachwuchsführungskräfte sind geschlossene Kreise, zu denen eben diese Männer besseren Zugang haben.

Immer noch zu oft: Frauen bleiben zu Hause, Männer machen Karriere

Wenn Karrieren von Männern und Frauen im Berufsleben starten, sind sie zu Beginn noch egalitär. Frauen haben zunehmend sogar die besseren

Abschlüsse in Abitur und Hochschulen. Aber dann kommen die gesell-schaftlichen Hürden und Rollenmuster dazwischen. Noch immer wird Erziehungs- und Pflegearbeit in unserer Gesellschaft vorwiegend von Frauen geleistet und auch von Frauen erwartet. Auch wenn mit Eltern-geld, Ausbau der Bildungs- und Betreuungsinfrastruktur in den letzten Jahren viel geschaffen wurde, statistisch gesehen bleiben Frauen zu Hause, Männer machen Karriere.

Diese Rollenmuster verändern sich nur ganz langsam, zu langsam. Mit Instrumenten wie Ehegattensplitting und Steuerklasse 3 und 5 belohnt der Staat mit Milliarden genau dieses Verhalten. Ist der Karriereverlauf erst mal unterbrochen, ist es in verfestigten Beförderungsstrukturen fast nicht möglich, diesen wieder aufzunehmen. Politik könnte hier anders sein, aber bis auf die Parteien mit klaren Bekenntnissen zur Quote domi-niert dieses Muster auch in politischen Karrierewegen.

Und hat es eine Frau dann trotzdem an die Spitze geschafft, kommen die kulturellen Hürden. Die bestehen aus Zuschreibungen von Kompetenz und Charisma. Ersteres bringen Frauen mit, Letzteres können sie kaum beein-flussen. Denn seit Max Webers Analysen wissen wir, Charisma bleibt an die Wahrnehmung gebunden, ist von Werten und Normen und Zuschrei-bungen abhängig. In unserer männlich dominierten Entscheidungsstruk-tur findet diese Zuschreibung an Frauen nur in Ausnahmefällen statt und wird nicht mit weiblichen Eigenschaften in Verbindung gebracht. Ich kann das aus meinen eigenen Erfahrungen bestätigen: Selbst wenn wir Frauen in der politischen Auseinandersetzung viel kompetenter auftreten, rhe-torisch geschickter sind, die besseren Argumente haben, wird der Erfolg den männlichen Kollegen zugeschrieben. Männer gehen mit positiven Zuschreibungen nach Hause bei geringeren Leistungen, Frauen womög-lich mit Sympathie, aber nicht mit Lob und Zustimmung. Frauen müs-sen für die gleiche Wahrnehmung einiges mehr bieten und schlicht und einfach besser sein.

Die Frage ist also: Warum sollten wir gerade dort, wo über das gesellschaft-liche Miteinander entschieden wird, auf die Besten verzichten? Warum wird das als eine Bedrohung zur Spaltung gesehen und nicht als ein Weg zu einem besseren Miteinander? Max Weber hat recht. Wolfgang Schäuble, aus seinem Blickwinkel, auch. Aber es ist an der Zeit, beides zu verändern, und das geht nur, indem wir die Vergangenheit loslassen und gemeinsam in die Zukunft blicken – etwa, indem der Kanzler ein paritätisch besetztes Kabinett vorstellt. Because it's 2022!

Ekin Deligöz ist seit 2021 Parlamentarische Staatssekretärin bei der Bundesministerin für Familie, Senioren, Frauen und Jugend. Sie ist seit 1998 Mitglied des Deutschen Bundestages für Bündnis 90/Die Grünen. In der 19. Legislaturperiode war sie Mitglied im Haushaltsausschuss, Obfrau im Rechnungsprüfungs-ausschuss und Sprecherin für Kinder- und Familienpolitik ihrer Fraktion. Ehrenamtlich ist sie unter anderem Vizepräsidentin und Vorstandsmitglied des Deutschen Kinderschutzbundes e. V.

Ziel 6: Sauberes Wasser und Sanitär- einrichtungen

Verfügbarkeit und nachhaltige Bewirt- schaftung von Wasser und Sanitär- versorgung für alle gewährleisten

Gegen die Wasserkrise

Dr. Uschi Eid
Präsidentin der Deutschen Afrika-Stiftung

Am 1. Juli 2021 fand in Bonn die internationale Konferenz »Water Dialogues for Results« statt. Der Titel drückt zu Recht eine große Ungeduld aus. Denn seit der Verabschiedung des ambitionierten und facettenreichen Wasserentwicklungsziels (SDG 6) im Rahmen der Agenda 2030, nämlich »Verfügbarkeit und nachhaltige Bewirtschaftung von Wasser und Sanitärversorgung für alle gewährleisten«, ist weder vor Ort noch international genügend getan worden, um auch nur annähernd dieses Ziel mit seinen differenzierten Unterzielen zu erreichen.

Ursachen für dringenden Handlungsbedarf

Dringliches Handeln ist nötig. Erstens: Nur 2,6 Prozent der globalen Wasservorräte sind Trinkwasser und hiervon nur 0,6 Prozent unmittelbar für den Menschen und andere Organismen verfügbar. Diese Menge ist nicht von sich aus vermehrbar. Zweitens: Der Druck auf diese begrenzte Wassermenge steigt weltweit, wenn auch in verschiedenen Regionen der Erde unterschiedlich. Ursachen sind Verschmutzung, Verschwendung, Übernutzung, Bevölkerungswachstum, verbesserter Lebensstandard, Urbanisierung, ineffiziente Wassernutzung hauptsächlich in der Landwirtschaft, Klimawandel, politisch-administrative Mängel und mangelnde zwischenstaatliche Kooperation bei grenzüberschreitender Wasserbewirtschaftung, um nur die augenfälligsten zu nennen.

Vor diesem Hintergrund ist es nicht verwunderlich, dass in den vom Weltwirtschaftsforum herausgegebenen Berichten zu den »globalen Risiken« seit Jahren unter den fünf wichtigsten diejenigen sind, die mit Wasser in Verbindung stehen. Im »Global Risks Report« von 2020 wurde explizit die Wasserkrise als eine der wichtigsten Krisen genannt.

Auswirkungen der Wasserkrise

Die Auswirkungen der mangelnden Aufmerksamkeit, die dem Wasser – auch seiner schmutzigen Seite – geschenkt wird, sieht man deutlich: Abfälle und Giftstoffe werden immer noch zu häufig bedenkenlos in unsere Umwelt und in Gewässer eingeleitet und zerstören große aquatische Ökosysteme, die gleichzeitig Nahrungsmittellieferant sind. Eine zunehmende Bedrohung stellen die Nanoplastikpartikel und Medikamentenreste in den Gewässern dar. In Entwicklungsregionen werden 90 Prozent der kommunalen und 70 Prozent der Industrieabwässer unbehandelt in die Umwelt entlassen. Ein wichtiger Aspekt, der bisher viel zu wenig beachtet wird, ist die weltweit zunehmende Antibiotikaresistenz, die durch das Fehlen von entsprechender Technologie zur Abwasserbehandlung bei pharmazeutischen Industrieanlagen zum Beispiel in Indien und China verursacht wird.

Viele Länder, auch arabische Staaten, übernutzen ihre oft nicht erneuerbaren Grundwasserreservoire und müssen deshalb den Anbau von Getreide reduzieren mit noch nicht vorhersagbaren Folgen für die Bekämpfung von Hunger. Denn Nahrungsmittel kann man zwar ohne Öl, nicht aber ohne Wasser anbauen. Für Wasser gibt es kein Substitut.

Milliarden von Menschen haben nur ungenügenden Zugang zu hygienisch einwandfreiem Trinkwasser und Sanitärversorgung, mit der Folge, dass wasserbezogene Krankheiten, allen voran Durchfallerkrankungen, weltweit an fünfter Stelle aller Todesursachen und in Afrika sogar an dritter Stelle stehen. Nicht zuletzt die Schwierigkeiten der Einhaltung der Hygieneregeln zur Eindämmung der Verbreitung des COVID-19-Virus haben uns gezeigt, welche schwerwiegenden Folgen es haben kann, wenn in dichtbewohnten Stadtrandsiedlungen wie zum Beispiel in asiatischen und afrikanischen Megastädten nicht genügend Wasser zum regelmäßigen Händewaschen verfügbar ist.

Dem Aspekt der Migration im Zusammenhang mit wasserbezogenen Katastrophen wird ebenfalls zu wenig Aufmerksamkeit geschenkt. Zu viel Wasser bei Überschwemmungen oder Landverlust durch klimabedingten Anstieg des Meeresspiegels können Anlass für Migration sein. Aber auch zu wenig Wasser bei lang anhaltender Dürre kann Migration auslösen, wenn sie die Lebensgrundlage von Menschen zerstört. Frühwarnsysteme, gute Katastrophen- und Rettungspläne können großes Leid mindern helfen.

Zunehmend erreichen uns Nachrichten über Konflikte um Wasserressourcen, seien es Konflikte wie zum Beispiel zwischen Ackerbauern und Viehhaltern in einigen afrikanischen Regionen oder Konflikte zwischen Flussanrainerstaaten wie der in den letzten Jahren eskalierte Konflikt zwischen Ägypten und Äthiopien um das Nilwasser, nachdem Äthiopien einen Staudamm am Blauen Nil zur Energiegewinnung gebaut hat.

Dass Wasser als strategische Waffe eingesetzt werden kann, dessen wurden wir nicht zuletzt durch entsprechende Maßnahmen des Islamischen Staates/IS an Euphrat und Tigris gewahr, wo das Zurückhalten von Wasser bedrohlich wurde, weil dies weite für den Irak landwirtschaftlich wichtige Areale am Unterlauf der beiden Flüsse trockenlegte. Hier wird besonders deutlich, dass die Weltgemeinschaft Umweltrisiken auch als Sicherheitsrisiken begreifen muss.

Einige beispielhafte Schlussfolgerungen

Auf der internationalen Ebene: Bei den Vereinten Nationen/VN, als Wächter über die Umsetzung der Nachhaltigkeitsentwicklungsziele, sind eine Reihe von Schwächen zu überwinden. So muss dringend ein zwischenstaatlicher VN-Mechanismus für Wasser und Sanitärversorgung eingesetzt werden, der dafür sorgt, dass die Fortschritte im Hinblick auf die wasserbezogenen SDG-Ziele regelmäßig überprüft werden und die Mitgliedstaaten entsprechend berichten.

Eine solche zwischenstaatliche Arbeit muss von einem unabhängigen VN-Wissenschafts- und -Praxisgremium für Wasser und Sanitärversorgung – einer IPCC-ähnlichen Einrichtung – begleitet und mit wissenschaftlich begründeten und empirisch nachprüfbaren Informationen über die Herausforderungen im Wassersektor gespeist werden. Ein erster Schritt auf dem Weg dahin sollte ein Bericht zum Thema »Wasser und Wissenschaft« von UN Water sein, der möglichst bald zu einem der jährlichen Weltwassertage (immer am 22. März) vorzulegen ist.

Auf Umsetzungsebene sind mir zwei Punkte besonders wichtig: Mit zunehmender Urbanisierung in aufstrebenden Entwicklungsregionen muss die Krise in der städtischen Wasser- und Sanitärversorgung angepackt werden. Es gilt, die vielen wasserbezogenen Herausforderungen in den Städten und ihrem Umland besser zu erfassen und Planungen der Wasserversorgung und Abwasserentsorgung als integrierte Aufgabe im Hinblick auf notwendige Anpassungsmaßnahmen im Zuge der

Klimaveränderungen ernsthaft anzugehen, entsprechenden Kapazitätsaufbau und Wissenstransfer zu unterstützen.

Auch sollten die Unternehmen stärker Verantwortung bei der Bekämpfung der zunehmenden wasserbedingten Risiken übernehmen. Innovative Ansätze wie Water-Stewardship-Programme zum verantwortungsvollen Umgang mit Wasser oder die Bestimmung des Wasserfußabdruckes eines Unternehmens mit der Identifizierung von »Wasser-Hotspots« bei der Produktion und entlang der gesamten globalen Lieferkette sowie notwendiger Maßnahmen zur Steigerung der Wassereffizienz sind vorhanden, müssen nur dringend angewendet werden.

Dr. Uschi Eid ist seit 2015 Präsidentin der Deutschen Afrika-Stiftung. Sie ist seit 1980 Politikerin von Bündnis 90/Die Grünen und setzte sich über 20 Jahre als Mitglied des Deutschen Bundestages (1985 – 1990 und 1994 – 2009) für eine ernsthafte Nord-Süd-Außenpolitik ein. Als Parlamentarische Staatssekretärin im Entwicklungsministerium (1998 – 2005) widmete sie sich vorwiegend internationalen Umweltfragen. 2004 wurde sie von VN-Generalsekretär Kofi Annan in das Beratergremium zur Wasser- und Sanitärversorgung (UNSGAB) berufen, dessen Tätigkeit sie als Vorsitzende 2015 mit dem Abschlussbericht »The UNSGAB Journey« zu Ende führte.

Wasser und Hygiene für alle: noch ein weiter Weg

Frank Gottselig
Konzernbetriebsratsvorsitzender der
Essity GmbH in Mannheim

Weltweit leben 2,4 Milliarden Menschen in Entwicklungsländern ohne sanitäre Grundversorgung. Nur 27 Prozent der gesamten Weltbevölkerung verfügt laut UNICEF über angemessene Möglichkeiten zum Händewaschen. Erstere sind potenziell noch anfälliger für Krisen wie COVID-19 – zumal es in ihren Ländern allzu oft kein lückenlos funktionierendes öffentliches Gesundheitswesen gibt. Zum fehlenden Zugang zu angemessener Gesundheitsversorgung kommt eine mangelhafte Aufklärung über gute Hygienepraktiken.

Schon hier wird deutlich: Das Thema Wasser und der offene Zugang dazu hat viele Facetten, welche das Leben der Menschen in ihren Grundbedürfnissen berühren. Das gilt für die Gesellschaften in Entwicklungs- und Schwellenländern, aber – in weniger existenzieller Weise – auch für die Industriegesellschaften.

Das Nachhaltigkeitsziel der Vereinten Nationen, bis 2030 alle Menschen mit einwandfreiem und bezahlbarem Trinkwasser zu versorgen und Zugang zu einer angemessenen und gerechten sanitären Versorgung und Hygiene zu ermöglichen – das SDG 6 –, erscheint vor diesem Hintergrund mehr als ambitioniert. Und doch müssen wir alles daransetzen, es zu erreichen. Dabei ist nicht nur die Politik gefordert, sondern auch die Wirtschaft.

Denn Wasser spielt nicht nur in unserem Alltag eine wichtige Rolle, sondern auch in der Produktion. Auch sie ist letztlich auf das Verwenden von nachhaltigen Wasserressourcen angewiesen, wobei die Verfügbarkeit von Wasser immer stärker unter dem zunehmenden Klimawandel leidet.

Wasser wiederverwenden

Der Schlüssel zur Reduzierung des Wasserverbrauchs besteht darin, das Wasser so weit wie möglich wiederzuverwenden. Das Ziel für die Wassernutzung in der Produktion muss daher sein: in Zukunft den Kreislauf zu schließen und weder Wasser aus natürlichen Ressourcen zu entnehmen, noch Wasser nach außen hin abzuleiten.

Das ist auch für viele hoch spezialisierte und innovative Unternehmen am Standort Deutschland eine große Herausforderung. Gleichwohl fordern wir Betriebsräte hier mit Nachdruck und fortwährend Besserungen ein – durchaus auch mit Erfolg. Ziel für die Papierproduktion muss die effiziente Wassernutzung während des gesamten Lebenszyklus der Produkte sein. Der Hygienekonzern Essity hat sich diesem Ziel im Sinne des SDG 6 angenommen.

Mit der Herstellung von Papierprodukten (unter anderem Tork und Zewa) am Standort Mannheim hat man sich schon früh diesem Themenfeld in seiner Breite über einen Sozial- sowie Umweltbericht genähert. Der nachhaltige Umgang mit der Ressource Wasser ist in einem Bündel von Nachhaltigkeitszielen gedacht und umgesetzt worden, es geht einher mit dem Ziel, bis spätestens 2050 Netto-Null-Treibhausgasemissionen zu erreichen.

Klar ist auch: Würden wir vorankommen bei den Zielen des SDG 6, böte dies gleichzeitig große Geschäftsmöglichkeiten für Unternehmen auf der ganzen Welt. Nicht zuletzt in den Bereichen Gesundheit, Hygiene und Sanitärversorgung. Daher sind mit dem Ziel »Sauberes Wasser und Sanitäreinrichtungen« für uns als internationaler Hygienepapierproduzent auch die SDG »Gesundheit und Wohlergehen« (Ziel 3), »Geschlechtergleichstellung« (Ziel 5), »Nachhaltige/r Konsum und Produktion« (Ziel 12), »Maßnahmen zum Klimaschutz« (Ziel 13) und »Leben an Land« (Ziel 15) eng verknüpft und ebenfalls in unserem Fokus.

Wenn es um die Verbesserung des Zugangs zu nachhaltigen Sanitär- und Hygienelösungen geht, müssen wir ein besonderes Augenmerk auf Mädchen und Frauen legen. Auch auf diesem Feld sind sie leider bis heute benachteiligt. Dabei ist internationales Engagement, auch in den besonders betroffenen Ländern und Regionen, grundlegend.

Dieses betreiben wir sowohl unabhängig als auch mit Partnern zusammen, um zu einer nachhaltigen Wassernutzung und Abwasserentsorgung beizutragen. Internationale Aktionstage erregen zusätzlich Aufmerksamkeit und sollten gemeinsam mit Partnern genutzt werden, etwa der »Global Handwashing Day« und der »World Hand Hygiene Day«.

Essity arbeitet auch mit verschiedenen Akteuren wie Nichtregierungsorganisationen in Umwelt- und Sozialfragen, zwischenstaatlichen Organisationen wie den Vereinten Nationen, der Weltgesundheitsorganisation, der Europäischen Union, der OECD usw. sowie mit Handels- und Industrieverbänden zusammen. Essity ist Partner der UN und hat einige Auszeichnungen für besonders ausgeprägtes Umweltbewusstsein erhalten.

Frank Gottselig ist Konzernbetriebsratsvorsitzender der Essity GmbH in Mannheim, die Produkte für den täglichen Bedarf wie Tempo, Zewa, Tena oder Tork herstellt. Der gelernte Kesselbauer und diplomierte Stahltechniker ist seit 2013 Mitglied des ehrenamtlichen Hauptvorstands der IGBCE und der Tarifkommission Papier.

Jeder Tropfen zählt: Chemie kann die Ressource Wasser sichern

Thomas Wessel
Personalvorstand und Arbeitsdirektor
der Evonik Industries AG

Prozessoptimierung. Wie kleinteilig das klingt. Geht es angesichts des Klimawandels nicht um viel mehr? Die Rettung unserer Erde bei einer zugleich dramatisch veränderten sicherheitspolitischen Risikolage: Das sind die großen Herausforderungen unseres Zeitalters. Verdrängen, Verschieben, Wegdiskutieren: Das verbietet sich. Manche Kritiker werfen der Chemieindustrie vor, sie beharre auf alten Geschäftsmodellen, stehe mit ihrer so branchentypischen – eben auch auf Prozessoptimierung ausgerichteten – Detailversessenheit dem dringend nötigen gesellschaftlichen Umbau hin zum nachhaltigen Wirtschaften im Wege. Das Gegenteil ist richtig.

Der Chemie- und Pharmasektor gehört zu den größten Arbeitgebern und daraus erwächst – gerade in so polarisierten Zeiten – eine ganzheitliche gesellschaftspolitische Verantwortung. In der Europäischen Union schafft die chemisch-pharmazeutische Industrie sichere Arbeit für 1,2 Millionen, allein in Deutschland für mehr als 470.000 Menschen. Hierzulande ist die soziale Marktwirtschaft mit ihrer bewährten Zusammenarbeit von Politik, Wirtschaft und Gewerkschaft der Erfolgsgarant für Wachstum und Beschäftigung. Die grüne Transformation unserer Volkswirtschaft kann allerdings nur gelingen, wenn Politik, Wirtschaft und Gewerkschaft sich über den Weg einig sind. Wenn die drei Dimensionen nachhaltiger Entwicklung – mit dem Ziel ökonomischer, ökologischer und sozialer Balance – in allen Entscheidungsprozessen gleichberechtigt betrachtet werden. Damit dieses deutsche Modell ein wichtiger Stabilitätsfaktor innerhalb der Europäischen Union bleibt.

Die Märkte unserer Zukunft sind klimaneutral. Und Chemie steckt in jeder Wertschöpfungskette. Ohne Chemie dreht sich kein Windrad, gibt es keine Batteriespeicher, keinen Leichtbau, keine Elektroautos. Solchen Fortschritt gibt es nicht von heute auf morgen. Bereits vor vielen Jahren hat die Branche in genau diesen Bereichen investiert. Von der Forschung über kleinstteilige Testreihen in unzähligen Laboren bis hin zur Marktreife, sodass Deutschland in vielen Nachhaltigkeitsthemen heute weltweit Spitze ist. Und wir denken längst weiter, setzen auf Technologien wie die klimaneutrale Wasserstofferzeugung, das chemische Recycling und neue Methoden der Biotechnologie. Um den Standort Deutschland für uns alle zu stärken, brauchen wir innovationsfreundlichere Rahmenbedingungen. Denn es ist die hochinnovative Chemieindustrie, die »klimaneutral« erst möglich macht.

Aus buchstäblich jedem Lebensbereich ließen sich Beispiele wegweisender und langfristig erarbeiteter Innovationen der Chemie für aktiven Klimaschutz anführen. An dieser Stelle blicken wir auf die wichtigste Ressource: Wasser. Elementar und lebenswichtig. Mit dem sich verschärfenden Klimawandel lieferten uns über Jahre Fernsehen und soziale Medien immer mehr Bilder von dramatischen Überschwemmungen und gefährlicher Trockenheit aus anderen Weltregionen in unsere Wohnzimmer. Inzwischen sind solche Katastrophen auch in Deutschland traurige Realität. Dabei wurde Wasser hierzulande viel zu lange als alltäglich und selbstverständlich betrachtet. Es wurde verschmutzt, verschwendet und vernachlässigt, mit erheblichen Folgen für Mensch und Umwelt. Wir müssen Wasser endlich wieder als kostbare Ressource begreifen, mit der so schonend und intelligent wie möglich umgegangen werden muss.

Eine gute Wasserversorgung ist für jede Chemieanlage eine äußerst wichtige Voraussetzung für die Produktion. Wir bei Evonik setzen Wasser vor allem zu Kühlzwecken, als Prozesswasser in der Produktion und zur Dampferzeugung in Kraftwerken ein. Dabei verwenden wir es möglichst sparsam und arbeiten daran, unsere Emissionen in Gewässer ständig zu verringern. Die konzernweite Wasserstressanalyse gehört dazu. Dabei beziehen wir die regional unterschiedliche Verfügbarkeit von Wasser in unsere Betrachtungen ein und tragen so auch den sich abzeichnenden klimatischen Veränderungen und Entwicklungen an unseren Standorten Rechnung.

Wenn unsere chemischen Produkte dann die Werkstore verlassen, helfen sie unseren Kunden mit ihrem Beitrag zum Klimaschutz: So sind etwa Wasch-, Reinigungs- und Desinfektionsmittel inzwischen vollständig biologisch abbaubar und besitzen ein sehr gutes ökologisches Profil. Bei der Bekämpfung von Keimen in Abwässern spielen Wasserstoffperoxid und Peressigsäure als umweltfreundliche Alternativen eine immer bedeutendere Rolle. Werden sie eingesetzt, entstehen als Nebenprodukte lediglich Wasser und biologisch gut abbaubare Essigsäure.

Die Wirkkraft einer ganzheitlich gedachten Chemie illustrieren zwei Beispiele aus der Ernährungsindustrie. Auch hier geht es um den schonenden Umgang mit der Ressource Wasser. Europas Verbraucherinnen und Verbraucher sind zurückhaltender beim Fleischkonsum geworden. Das ist ein typisches Merkmal gesellschaftspolitischer Veränderungen in postmodernen, wohlhabenderen Industrieländern. Doch im Laufe der nächsten Jahrzehnte werden insbesondere in den Schwellenländern im Globalen Süden Geburtenraten und Lebenserwartung steigen und damit auch die Nachfrage nach Fleisch und Fisch als lebenswichtiger Proteinquelle. Ökologisch birgt das große Gefahren. Mag bei uns in der EU Konsumkritik politisch korrekt sein, andernorts erschiene sie postkolonial. Wer glaubt, wir könnten anderen Gesellschaften vorschreiben, wie und was sie zu konsumieren haben, der irrt. Wir können nur mit gutem Beispiel vorangehen. Daher nehmen wir zum Schutz der Gewässer unseres Planeten die Tierernährung in den Fokus, sowohl in der Landwirtschaft als auch in Aquakulturen.

Beispiel Landwirtschaft: Wir können dazu beitragen, durch nachhaltige Futtermittelformulierungen in der Tierhaltung sowohl das Grundwasser als auch die Atmosphäre vor einem zu großen Stickstoffüberschuss zu schützen. Durch den konsequenten Einsatz von Aminosäuren in der Tierernährung ist es möglich, den Proteingehalt des Futters zu senken und damit den Ausstoß reaktiven Stickstoffs. So wird in der Landwirtschaft weniger Wasser verbraucht. Und der Nitratausstoß sinkt obendrein. Das ist ein signifikanter Hebel zur ressourcenschonenden Ernährungssicherung bei steigender Weltbevölkerung.

Beispiel Aquakultur: Weltweit steigt seit Jahren die Nachfrage nach Garnelen und Lachs. Auf den Tellern der Konsumenten landen meist Zuchttiere. Für deren Ernährung in den Aquafarmen sind riesige Mengen Fischmehl und Fischöl nötig, gewonnen aus Wildfang – eine der Hauptursachen für die Überfischung der Ozeane. Auch hier arbeiten wir an Lösungen. Gemeinsam mit dem niederländischen Partner DSM etwa hat Evonik ein spezielles Algenöl entwickelt, das es ermöglicht, Garnelen und Lachse fast ohne Fischöl zu füttern. Eine Tonne dieses Algenöls ersetzt bis zu sechzig Tonnen Wildfangfischs. Das trägt zum

Schutz der marinen Fischbestände und zum Erhalt der marinen Artenvielfalt bei.

Das sind nur wenige von unzähligen Beispielen für neue Geschäftsmodelle, für die Innovationskraft und Prozessoptimierung in der chemischen Industrie. Nachhaltigkeit ist Wachstumstreiber, sie ist kein Kann mehr, sondern ein Muss. Nachhaltiges Wirtschaften heißt für uns, dass in der gesamten Wertschöpfungskette das Verbessern an oberster Stelle steht. Dass wir die großen Zusammenhänge längst erkannt haben und uns Schritt für Schritt aus der Abhängigkeit von fossiler Energie lösen müssen bei gleichzeitig verantwortungsvollem Umgang mit der Ressource Wasser. Das gelingt nur mit der Chemie als Schlüsselindustrie, die die mit Abstand vielversprechendsten Lösungen im Kampf gegen die Erderwärmung bietet. Und das heißt ganz ohne Pathos: Prozessoptimierung ist überlebenswichtig.

Thomas Wessel ist seit September 2011 Personalvorstand und Arbeitsdirektor der Evonik Industries AG. Neben seinem Vorstandsmandat bei Evonik bekleidet Wessel zahlreiche Mandate in regionalen und überregionalen Gremien wie den Vorsitz des Kuratoriums des Fonds der Chemischen Industrie, des VCI-Forschungsausschusses oder des Hochschulrats der Westfälischen Hochschule Gelsenkirchen Bocholt Recklinghausen. Seit August 2020 ist Wessel darüber hinaus Vorstandsvorsitzender des VCI NRW.

Ziel 7:
Bezahlbare und saubere Energie

Zugang zu bezahlbarer, verlässlicher, nachhaltiger und moderner Energie für alle sichern

Der goldene Faden für eine nachhaltige Zukunft

Dr. Martin Brudermüller
Vorstandsvorsitzender der BASF SE
und Präsident des europäischen
Chemieverbands Cefic.

Hinweis: Dieser Beitrag ist im Jahr 2021 erschienen. Seit Februar 2022 hat die Unabhängigkeit von fossilen Energieträgern und die damit verbundene Energietransformation mit einem schnellen Ausbau erneuerbarer Energien eine weitere wichtige politische Dimension bekommen. BASF hält an ihren Zielen fest und verfolgt diese weiterhin entschieden. Nachhaltige Energie ist der Schlüssel für unsere nachhaltige Zukunft.

Der ehemalige Generalsekretär der Vereinten Nationen, Ban Ki-Moon, hat das Thema Energie einmal als goldenen Faden bezeichnet, der alle drei Nachhaltigkeitsdimensionen und damit auch alle 17 Entwicklungsziele der UN verbindet: Energie für Schulen und Krankenhäuser, für Haushalte weltweit, für Produktion, Arbeitsplätze und den gesellschaftlichen Fortschritt. Die Energietransformation, bei der fossile Energieträger durch erneuerbare ersetzt werden, bringt diesen weltweiten Energiebedarf mit Klimaschutz in Einklang: nachhaltige Energie für eine nachhaltige Zukunft. Die Theorie klingt einfach. Jetzt muss es schnell an die konkrete Umsetzung gehen. Die Energiewende wird nur gelingen mit neuen Technologien, Mut und nur, wenn wir alle an einem Strang ziehen.

Chemie braucht Energie

Dämmstoffe für energieeffiziente Gebäude, Kathodenmaterialien als zentraler Bestandteil der Elektromobilität und Beschichtungen, die Windräder wetterfest machen – die Chemie ist DIE Schlüsselindustrie für eine nachhaltige, klimaneutrale Zukunft.

Gleichzeitig muss die Chemieindustrie als großer CO_2-Emittent selbst klimaneutral werden. BASF nimmt diese Herausforderung an. Wir haben uns ehrgeizige Klimaziele gesetzt. Und noch viel wichtiger: Wir reden nicht nur, sondern treiben die eigene Energietransformation entschieden voran. Dabei verfolgen wir zwei Ansätze:

1. Wir entwickeln neue emissionsfreie Verfahren und Technologien auf Basis von erneuerbarem Strom.

2. Wir investieren direkt in den Ausbau erneuerbarer Energien.

Ein Beispiel ist die Elektrifizierung unserer Steamcracker. Wenn wir diese anstelle von Erdgas mit erneuerbarem Strom betreiben, sparen wir 100 Prozent der CO_2-Emissionen beim Heizen! Andere Projekte sind elektrisch betriebene Wärmepumpen oder verschiedene Verfahren zur Herstellung von sauberem Wasserstoff.

Alle Projekte haben eines gemeinsam: Für die Umsetzung brauchen wir große Mengen erneuerbaren Stroms. Verlässlich verfügbar und zu wettbewerbsfähigen Preisen. Beides ist heute in Deutschland nicht gegeben.

Deshalb geht BASF einen weiteren sehr großen Schritt: Wir beteiligen uns direkt und im großen Umfang im Erneuerbare-Energien-Sektor. Als Partner von Vattenfall bauen wir einen ersten gemeinsamen Offshore-Windpark in der Nordsee und nehmen so die nachhaltige Energieversorgung unserer Standorte in die eigene Hand. Ein weiteres Projekt verfolgen wir gemeinsam mit RWE in Deutschland.

Mut und Innovationen brauchen die richtigen Rahmenbedingungen

Die Industrie legt vor und unterstützt den Weg zur Klimaneutralität. Unerlässlich für den Erfolg ist aber die Unterstützung der Politik durch die entsprechenden Rahmenbedingungen. Die Politik hat inzwischen erkannt, dass ein klimaneutrales Industrieland Deutschland eine wettbewerbsfähige Chemieindustrie erfordert. Nun muss sie dafür den richtigen energiepolitischen Rahmen setzen.

Was wir benötigen, ist: ein massiver Ausbau erneuerbarer Energien, ein schneller Netzausbau und eine grundlegende Reform des Energieabgaben- und Umlagesystems. Diese Entscheidungen bestimmen über nichts weniger als darüber, ob wir als wettbewerbsfähiges Industrieland die Klimaziele 2030 erreichen – und damit auch die für 2050.

An *erster Stelle* geht es um die ausreichenden Kapazitäten und die nötige Infrastruktur. Deutlich größere Mengen an erneuerbarem Strom sind erforderlich. Und er muss fließen, zuverlässig und in ausreichenden Mengen zu jeder Tages- und Nachtzeit. Denn unsere Produktion steht nicht still. Wir können Anlagen nicht runterfahren, weil gerade keine Sonne scheint oder kein Wind weht. Wir brauchen erneuerbaren Strom immer und vor allem auch überall. Der Strom muss also auch von den Küsten im Norden in unseren industriellen Süden fließen. Deutschland muss hier massiv in den Netzausbau investieren, sonst wird die Transformation nicht gelingen.

Der *zweite Punkt* betrifft eine radikale Reform der Energiebepreisung mit vollständiger Abschaffung der EEG-Umlage. Nur wenn die großen Mengen an erneuerbarem Strom zu wettbewerbsfähigen Preisen zur Verfügung stehen, ist die Elektrifizierung von Industrie und Gesellschaft wirtschaftlich umsetzbar.

Und es kommt noch ein *weiterer dritter Aspekt* hinzu: Kein Land in Europa kann die Energiewende allein schaffen. Energiepolitik ist zugleich Aufgabe als auch Chance für europäische, aber auch internationale Vernetzung und Zusammenarbeit. Der Start muss ein vollständig integrierter europäischer Energiemarkt sein.

Den goldenen Faden gemeinsam verfolgen

Das SDG 7 – »Bezahlbare und saubere Energie« – als Schlüssel zu einer nachhaltigen Zukunft – das sollte unser Fokus sein, auf den wir unsere Anstrengungen konzentrieren. Wenn wir den goldenen Faden von Ban Ki-Moon weiterspinnen, verknüpfen wir alle Dimensionen: Klimaschutz, gesellschaftlichen Wohlstand und Wirtschaftswachstum. So werden Visionen und Ambitionen zu umsetzbaren Plänen und letztlich – goldene Realität.

Dr. Martin Brudermüller ist seit 2018 Vorstandsvorsitzender der BASF SE und seit Oktober 2020 Präsident des europäischen Chemieverbands Cefic. Brudermüller startete seine Laufbahn bei BASF 1988. Über Stationen in Ludwigshafen, Mailand und Hongkong kam er 2006 in den Vorstand. Ab Mai 2011 war er stellvertretender Vorstandsvorsitzender und von Mai 2015 bis Januar 2021 Chief Technology Officer (CTO) der BASF SE.

Die deutsche Energiewende ist ein internationales Projekt

Dr. Frank Mastiaux
Vorstandsvorsitzender der EnBW
Energie Baden-Württemberg AG.

Versorgungssicherheit rückt insbesondere vor dem aktuellen Hintergrund des Ukrainekrieges in den Vordergrund. Geht es um die Versorgungs-sicherheit in Deutschland, schwingen in vielen Diskussionen Autarkie-argumente mit, als ob es zum Beispiel den europäischen Strombinnenmarkt nicht gäbe. Viele streben örtliche oder gar private Autarkie an. Dass eine Handelsnation wie Deutschland ausgerechnet bei der Energiewende den Blick so sehr nach innen richtet, ist allerdings angesichts der Herausforderungen, die vor uns liegen, nicht die richtige Perspektive. Bei einem Investitionsbedarf von etwa 400 Milliarden Euro allein im deutschen Energiesektor bis 2030 sind bereits kleine Effizienzeinbußen mit großen Wohlfahrtsverlusten verbunden.

Dass die deutsche Energiewende nach wie vor in einem internationalen Kontext gesehen werden muss und nur so vollendet werden kann, wird besonders deutlich am Beispiel Wasserstoff. Oft steht zur Debatte, ob Deutschland seinen Wasserstoffbedarf nicht selbst decken könnte. Fest steht: Eine vollständig CO_2-freie deutsche Volkswirtschaft ist ohne klimaneutralen Wasserstoff nicht möglich, denn die Industrie benötigt große Mengen für die Dekarbonisierung der Wärmeerzeugung oder als Ausgangsmaterial (Feedstock) für die Produktion, zum Beispiel von Düngemitteln.

Um Klimaneutralität im Stromsektor bis 2040 zu erreichen, muss ab Mitte der 2030er-Jahre die Stromerzeugung in Deutschland auf klimaneutralen Wasserstoff umgestellt werden, um in Zukunft Versorgungssicherheit auch dann zu gewährleisten, wenn kein Wind weht und die Sonne nicht scheint. Der Verkehrssektor wird teilweise auf Wasserstoff angewiesen sein und voraussichtlich wird auch Wasserstoff für die Gebäudewärme benötigt – in welchem Ausmaß, ist allerdings noch umstritten.

Grünen Wasserstoff braucht das Land

Aktuell verbraucht Deutschland, vor allem die Industrie, jährlich etwa 56 Terawattstunden (TWh) »grauen«, unter CO_2-Emissionen hergestellten Wasserstoff. Klimaneutraler »grüner« Wasserstoff muss in Deutschland bis 2045 im mittleren dreistelligen TWh-Bereich zur Verfügung stehen, um die genannten Sektoren bedarfsgerecht zu versorgen.

Dafür müssen jetzt die Voraussetzungen geschaffen werden – insbesondere durch Planungssicherheit für Investoren und internationale Kooperationen. Mit den richtigen Voraussetzungen hätte Wasserstoff die Chance, ein wesentlicher Rohstoff zu werden, vergleichbar zu Erdgas in den letzten Jahrzehnten.

Kostendegression erforderlich

Dafür müssen aber zunächst die Kosten für die Wasserstoffherstellung dramatisch sinken: mindestens um den Faktor fünf. Folglich muss ein internationaler, liquider Markt nach dem Marktdesignvorbild bestehender Energieträger und unter Nutzung der bereits bestehenden Infrastruktur entstehen. Mit sinkenden Kosten ist auch die Wettbewerbsfähigkeit der deutschen Volkswirtschaft in einer »Wasserstoffwelt« gesichert. Zwar sind Elektrolyseure zur Herstellung von »grünem« Wasserstoff aktuell noch teuer, doch werden bis 2040 mit dem Übergang in die Massenfertigung die Kosten solcher Anlagen um voraussichtlich 75 Prozent sinken. Mittel- bis langfristig werden die Stromkosten die Hauptkostenkomponente der Wasserstoffproduktion sein. In einem internationalen Markt werden sich Produzenten daher Länder mit niedrigen Stromkosten aussuchen – zumindest solange die Transportkosten in die Abnehmerländer diesen Kostenvorteil nicht überkompensieren. Für Europa kommen hier vor allem Länder in Südeuropa, Nordafrika und dem skandinavischen Raum infrage, da diese den günstigen Transport über das vorhandene Pipelinesystem nutzen.

Importvorteile nutzen

Auch aus einem anderen Grund wird Deutschland nicht Selbstversorger bei Wasserstoff sein können: Eine ausschließlich auf heimischen Erneuerbaren-Mengen basierende Erzeugung von grünem Wasserstoff ist faktisch keine Option. Denn in diesem Fall läge im Jahr 2050 der Bedarf an erneuerbar produziertem Strom in Deutschland bei rund 800 TWh. Das entspricht nahezu dem gesamten deutschen Erneuerbaren-Potenzial – und das angesichts der Tatsache, dass es schon eine große Herausforderung wird, den sonstigen Strombedarf durch Erneuerbare zu decken. Damit wird klar: Die notwendigen Erneuerbaren-Mengen für eine Wasserstoffproduktion stehen in Deutschland nicht zur Verfügung.

Die Folge all dessen wird sein, dass Deutschland langfristig etwa 80 bis 85 Prozent seines Wasserstoffbedarfes durch Importe decken wird. Deutschland sollte und muss also auf die Vorteile von Importen zurückgreifen. Eine rein heimische Produktion ist lediglich punktuell sinnvoll. So kann es zur Deckung akuter Bedarfe in der Industrie zweckmäßig sein, zunächst »Hydrogen Valleys« oder regionale H2-Hubs in Deutschland aufzubauen. Diese müssen aber in circa 15 Jahren durch einen internationalen und liquiden Massenmarkt abgelöst werden, damit die Kosten für die Konsumenten weiter sinken können.

Intelligente Förderung

Dazu sind sowohl in Europa als auch in den Herkunftsländern einige Voraussetzungen zu schaffen, die jetzt dringend angegangen werden müssen.

Notwendige Rahmenbedingungen festlegen: In Europa müssen die regulatorischen und infrastrukturellen Voraussetzungen für einen internationalen Wasserstoffmarkt geschaffen werden. Das bedeutet zum Beispiel, dass ein Herkunftsnachweissystem für klimaneutrale Gase aufgebaut werden muss, um den Handel mit diesem Rohstoff zu erleichtern. Die Regulatorik muss es ermöglichen, dass bereits heute Investitionen in die »H2-readiness« von Infrastruktur als effizient und »grün« anerkannt werden – auch dann, wenn die Infrastruktur für eine Übergangszeit für Erdgas verwendet werden muss. Aufgrund der Interdependenzen zwischen Strom, Erdgas und Wasserstoff müssen alle drei Netzinfrastruktursysteme synchron geplant werden.

Die Nachfrage muss für eine bestimmte Zeit gestärkt werden, damit es zu einem Mengenhochlauf kommt, der Investoren Anreize gibt, in die Herstellung von klimaneutralem Wasserstoff zu investieren. Nutzer des klimaneutralen Wasserstoffs sollen immerhin ein Gut nachfragen, das teurer ist als seine Substitute: Erdgas oder »grauer« Wasserstoff. Die Förderung darf sich dabei nicht allein auf klassische Großverbraucher beziehen, sondern muss pragmatisch zum Beispiel auch die mittelständische Industrie einbeziehen, falls diese etwa auf einen gasförmigen Energieträger angewiesen ist (wie zum Beispiel möglicherweise die Glasindustrie) oder für die der Wasserstoff als Feedstock unentbehrlich ist. Generell sinnvoll wäre es, vorrangig an Schlüsselindustrien anzusetzen, in denen Wasserstoff zum kritischen Erfolgsfaktor wird, zum Beispiel der chemischen Industrie oder der Stahlindustrie. In diesen Sektoren kann die Umstellung auf Wasserstoffbasierte Prozesse die internationale Technologieführerschaft sogar fördern. Mit den erwarteten Kostensenkungen für klimaneutralen Wasserstoff kann diese Förderung auslaufen.

Aufbau der erforderlichen Infrastruktur: Mit den Herkunftsländern müssen die Bedingungen für den Aufbau bedeutender Wasserstoffproduktionsinfrastrukturen geklärt werden. Dabei geht es zum Beispiel um die Nutzung örtlicher Ressourcen, um steuerliche Fragen und generell darum, wie Herkunftsländer von diesem Aufbau profitieren können. Dabei muss auf Augenhöhe im Sinne einer vorausschauenden Energiediplomatie verhandelt werden. Der zeitliche Vorlauf und die Intensität dieses Dialogs dürfen nicht unterschätzt werden. Die Bundesregierung hat erfreulicherweise bereits erste Schritte in diese Richtung unternommen.

Unter diesen Bedingungen wird sich das erforderliche private Kapital mobilisieren lassen, um einen effizienten Markt für klimaneutralen Wasserstoff als speicherbare Ergänzung von erneuerbarem Strom aufzubauen – ein weiterer wichtiger Schritt auf dem Weg in eine klimaneutrale Zukunft.

Dr. Frank Mastiaux ist seit 2012 Vorstandsvorsitzender der EnBW Energie Baden-Württemberg AG. Seine berufliche Laufbahn begann er 1993 bei der Veba Oel AG. Nach dem Zusammenschluss von Veba Oel AG und ARAL AG war er 2000 für die ARAL Mineralöl-Vertrieb GmbH als Geschäftsführer tätig. Im Anschluss an die Übernahme der Veba Oel/Aral Gruppe durch die BP p.l.c. wirkte er dort in verschiedenen Managementpositionen, bevor er zur e-on wechselte, wo er das Geschäft mit erneuerbaren Energien aufbaute.

Grüne Energie und Klima-schutzverträge für eine erfolgreiche Industrie-transformation

Frank Peter
Stellvertretender Direktor von
Agora Energiewende

Die Industrie hat längst verstanden, dass sich alle wesentlichen Strategien für eine klimaneutrale Produktion auf erneuerbaren Strom stützen.
So fordern wichtige Konzerne wie BASF von der neuen Bundesregierung
einen massiven Ausbau erneuerbarer Energien in Kombination mit einer
grundlegenden Reform des Energieabgaben- und umlagesystems. Ob
nun die direkte Elektrifizierung von Prozesswärme oder die indirekte
Nutzung von grünem Strom über Wasserstoff und seine Derivate, alles
hängt maßgeblich von der Verfügbarkeit von grünem, günstigem Strom
ab. Ausreichend erneuerbare Energien bereitzustellen, wird damit zum

zentralen Standortfaktor einer klimaneutralen Wirtschaft, die ihren industriellen Kern bewahren will.

Die neue Bundesregierung muss deshalb den jährlichen Ausbau von Windkraft- und Solaranlagen verdreifachen. Nur so kann sichergestellt werden, dass genug Strom aus erneuerbaren Energien für eine grüne Produktion zur Verfügung steht. Zugleich muss die Politik die Industrie-transformation mit einem klugen Instrumentenmix unterstützen, der Klimaschutz entlang der gesamten industriellen Wertschöpfungskette forciert.

Höhere CO_2-Preise, sinkende Strompreise

Ein wichtiges Element dieses Instrumentenmixes sind sinkende Strom-preise bei gleichzeitig steigenden CO_2-Preisen. Einerseits, damit grüne Technologie zum günstigen Standard werden kann, andererseits, um für die Industrie langfristig wettbewerbsfähige Preise zu gewähr-leisten. Mit steigenden Einnahmen aus dem deutschen Emissionshandel könnte die EEG-Umlage schon ab 2023 auf null gesenkt werden. Dadurch würden neben der energieintensiven Industrie auch mittelständische Unternehmen und Haushalte von steigenden Stromkosten entlastet.

Ein weiteres zentrales Element ist der Ausgleich von Mehrkosten klima-neutraler Schlüsseltechnologien über Klimaschutzverträge – sogenannte Carbon Contracts for Difference (CCfDs). Für diese braucht es bis 2030 Finanzierungszusagen in mittlerer zweistelliger Milliardenhöhe. Die neue Bundesregierung muss hierfür Konzepte zur Finanzierung vorlegen, etwa über eine gesetzlich garantierte Finanzierung aus dem Haushalt über eine Klimaumlage und / oder über einen dritten Mehrwertsteuer-satz auf die relevanten Endprodukte.

Um die Umstellung der Industrie in Richtung Klimaneutralität zügig zu ermöglichen, braucht es neben dem nötigen Ausbau der erneuer-baren Energien auch eine deutliche Beschleunigung des Ausbaus der Strom- und Wasserstoffinfrastruktur in Europa. Dies zu koordinieren und voranzubringen, wird eine weitere zentrale Aufgabe für diese Bun-desregierung sein.

Klimaneutrale Investitionen

Für Unternehmen bedeutet das: Heutige Investitionsentscheidungen müssen mit dem Paradigma der Klimaneutralität im Einklang stehen. Das gilt besonders für die energieintensive Industrie mit ihren lang-lebigen Anlagen wie Steamcrackern oder Hochöfen. Unmittelbar müssen deshalb bessere und gesicherte Investitionsbedingungen für eine klima-neutrale Industrie geschaffen werden. Ebenso muss die ergrünende Wirtschaft vor Konkurrenz aus Ländern mit niedrigeren Klimaschutz-vorgaben geschützt werden – Grenzausgleichmechanismen wie die von der EU-Kommission vorgeschlagenen Carbon Border Adjustments können dabei helfen (auch wenn der Teufel hier im Detail steckt).

Das Rennen um die Produktion klimaneutraler Produkte läuft weltweit bereits auf Hochtouren. Große Industriekonzerne verkünden die Umstellung ihrer Produktion, Leuchtturmprojekte für grünen Stahl, grüne Kunststoffe oder klimafreundlichen Zement werden angekündigt. Wenn Deutschland jetzt beherzt mit einer aktiven Klimapolitik vorangeht, hat die Industrie die Chance, sich ein zukunftsträchtiges Exportmodell aufzubauen und international führend bei klimaneutralen Technologien zu werden.

Frank Peter ist stellvertretender Direktor von Agora Energiewende. In dieser Funktion koordiniert er auch die Arbeiten des Industrieprogramms der Agora. Bis er die Koordinierung der Industriearbeiten bei Agora übernahm, leitete er das Team Deutschland. Vor seinem Beginn bei Agora arbeitete Frank Peter zwölf Jahre bei der Prognos AG in Berlin.

Klimabonus als Element einer sozialen Klimawende

Prof. Dr. Sebastian Dullien
Wissenschaftlicher Direktor des Instituts für
Makroökonomie und Konjunkturforschung
(IMK) in der Hans-Böckler-Stiftung

Prof. Dr. Sebastian Gechert
Leiter des Referats »Makroökonomie und
Einkommensentwicklung« am Institut für
Makroökonomie und Konjunkturforschung
(IMK) in Düsseldorf

Nach der letzten Bundestagswahl haben sich die Mehrheiten im Bundestag so verschoben, dass eine Regierungsbeteiligung der Grünen Realität geworden ist. Da eine zentrale Forderung der Partei eine Beschleunigung der Klimawende war, dürfte schnell auch die Frage wieder auf dem Tisch liegen, ob nicht der CO_2-Preis für Haushalte, Verkehr und Gewerbe schneller steigen muss als bisher vorhergesehen. Eine solche höhere CO_2-Abgabe bringt allerdings auch Nachteile: Sie droht ohnehin einkommensschwache Haushalte überproportional zu belasten. Ein Pro-Kopf-Klimabonus könnte Abhilfe leisten und brächte perspektivisch noch andere Vorteile.

Eine wesentliche Fragestellung vor der Initiierung des Klimaschutzgesetzes 2019 lautete: Wie kann man Klimaschutz sozialverträglich gestalten? Soll die ökologische Transformation gelingen, ohne die Gesellschaft zu spalten, müssen zwei Aspekte beachtet werden: Erstens muss dafür gesorgt werden, dass gut bezahlte und hochwertige Arbeitsplätze in der Industrie in Deutschland erhalten bleiben. Ein massiver Verlust guter Jobs würde sich für die Einkommensverteilung nachteilig auswirken. Zweitens müssen jene kleinen Einkommen entlastet werden, die sich Klimaschutz nicht leisten können. Um dies zu finanzieren, sollten hohe Einkommen belastet werden, die pro Kopf am stärksten zu den CO_2-Emissionen beitragen.

Den Minimalkonsens aufbessern

Das im Jahr 2019 verabschiedete Maßnahmenbündel aus zaghaft steigendem und gedeckeltem CO_2-Preis, minimaler Absenkung der EEG-Umlage, erhöhter Pendlerpauschale, Mobilitätsprämie, Wohngelderhöhung sowie diversen Förderprogrammen stellt in dieser Hinsicht einen Minimalkonsens dar, der jedoch den ökologischen und sozialen Herausforderungen kaum gerecht wird.

Der CO_2-Preis von anfänglich 25 Euro je Tonne CO_2 (circa 6 – 7 Cent je Liter Kraftstoff) und der festgelegte Pfad bis 2025 auf 55 Euro gelten als zu niedrig, um die Menschen zu einem sparsameren Umgang mit fossilen Brennstoffen zu bewegen. Ein Element einer beschleunigten Klimawende könnte daher sein, den CO_2-Preis nun doch schneller ansteigen zu lassen.

Während Preissignale ein wichtiges Element der Klimapolitik sind, schafft eine Erhöhung der CO_2-Abgabe ein Dilemma: Auch nach einer Erhöhung dürfte der CO_2-Preis allein nicht reichen, um die erforderliche Lenkungswirkung zu erzielen, gleichzeitig droht ein höherer CO_2-Preis aber, soziale Härten zu verschärfen. Viele Haushalte haben kurz- und mittelfristig wenig Möglichkeiten, ihren CO_2-Ausstoß zu senken, etwa, weil sie in schlecht gedämmten Mietwohnungen mit Ölheizung wohnen oder mangels Alternativen aufs Auto angewiesen sind und aufgrund fehlender finanzieller Mittel kein E-Auto kaufen können. Bei diesen Haushalten führt ein höherer CO_2-Preis zu Belastungen, ohne große Lenkungswirkungen auszulösen. Deshalb muss ein höherer CO_2-Preis auch mit Investitionen in öffentliche Infrastruktur und Förderprogramme für energetische Sanierung verbunden werden. Doch auch damit dürften nicht alle Haushalte erreicht werden – besonders Haushalte mit geringen und mittleren Einkommen dürften weiter überproportional belastet sein.

Die im Klimapaket von 2019 enthaltenen Kompensationsleistungen sind zum Teil vergleichsweise gering und wenig sichtbar (EEG-Umlage), nützen vorrangig hohen Einkommen und fördern Vielfahren (Pendlerpauschale), laufen überwiegend ins Leere (Mobilitätsprämie) oder gleichen lediglich Versäumnisse der Vergangenheit aus (etwa beim Wohngeld). Auch die Förderung der E-Mobilität, der energetischen

Gebäudesanierung und die Mehrwertsteuersenkung im Fernverkehr der Bahn wirken sich eher zugunsten hoher und mittlerer Einkommen aus. Haushalte mit kleinen Einkommen dürften davon kaum profitieren. Diese Versäumnisse, das Klimapaket sozial ausgewogen zu gestalten, sollten bei einer Novelle nicht wiederholt werden. Der zuletzt diskutierte Vorschlag, den CO_2-Preis hälftig den Vermietern anzulasten, geht lenkungstechnisch und sozial in die richtige Richtung.

Eine weitere geeignete Kompensationsmaßnahme fehlte im Klimapaket 2019 komplett: ein Pro-Kopf-Klimabonus als jährliche Zahlung an alle Haushalte. In den Gutachten verschiedener Forschungsinstitute für das Bundesumweltministerium wurde der Klimabonus insbesondere als Alternative beziehungsweise Ergänzung zur Senkung der EEG-Umlage analysiert. Die EEG-Umlagesenkung machte im Jahr 2019 im politischen Prozess das Rennen vor allem deshalb, weil sie als einfacher umsetzbar galt und gleichzeitig den Umstieg hin zur Elektrifizierung der Mobilität und Energieversorgung beförderte (die sogenannte Sektorkopplung).

Wer wird entlastet?
Eine entscheidende Frage ist jedoch, ob mit sinkender EEG-Umlage tatsächlich die Privathaushalte entlastet werden. Erfahrungen aus Änderungen von Verbrauchsteuern deuten darauf hin, dass Steuererhöhungen üblicherweise vollständig überwälzt werden, Steuersenkungen hingegen nur anteilig. Insbesondere bei den kleinen Beträgen, die für die Senkung der EEG-Umlage vorgesehen sind (umgerechnet circa 2 Cent / kWh 2021), könnte sie in der Preispolitik der Stromanbieter verschwinden. Auch kommt nur ein Teil der EEG-Umlage den Haushalten zugute, die restliche Entlastung landet bei den Unternehmen. Zudem ist der Spielraum zur Absenkung der EEG-Umlage begrenzt: Bei höheren CO_2-Preisen wäre eine vollständige Kompensation der Haushalte auf diesem Wege gar nicht möglich.

Abgesehen davon bietet die Klimaprämie weitere Vorteile: Demnach entlastet eine Pro-Kopf-Zahlung stärker als eine Strompreissenkung primär kleine Einkommen. Vor allem aber ist sie deutlich sichtbarer und könnte damit stärker zur Akzeptanz der Klimaschutzmaßnahmen und eines erhöhten CO_2-Preises beitragen. Schüttet man etwa die Einnahmen aus der CO_2-Besteuerung der privaten Haushalte vollständig an diese wieder aus, ergäbe sich bei einem CO_2-Preis von 35 Euro je Tonne ein Klimabonus von circa 100 Euro pro Person und Jahr. Mit steigenden CO_2-Preisen und damit Einnahmen stiege auch der Bonus.

Die CO_2-Steuer wirkt regressiv. Sie belastet Haushalte mit kleinen Einkommen anteilig an ihrem Einkommen am stärksten, insbesondere aufgrund steigender Heizkosten. Der Klimabonus als fester Betrag pro Kopf entlastet Geringverdiener anteilig dagegen umso stärker.

Insgesamt lässt sich festhalten: Haushalte mit kleinen Einkommen und solche mit Kindern würden im Schnitt netto entlastet. Single-Haushalte und solche mit höheren Einkommen hätten im Durchschnitt zwar eine Nettobelastung zu verzeichnen, sie würden den Klimabonus aber als sichtbare Kompensationsleistung wahrnehmen.

Mit den übrigen CO_2-Steuereinnahmen von Gewerbe, Handel und Dienstleistungen ließen sich Förderprogramme und öffentliche Investitionen finanzieren. Zudem hätte ein schuldenfinanzierter Transformationsfonds das Potenzial, zu niedrigen Finanzierungskosten hohe Renditen zu erzielen, insbesondere in Form vermiedener zukünftiger Kosten des Klimawandels.

Prof. Dr. Sebastian Dullien ist – nach wirtschaftsjournalistischen und wissenschaftlichen Stationen – seit Oktober 2007 Professor für Allgemeine Volkswirtschaftslehre, insbesondere internationale Wirtschaft an der HTW Berlin (vormals FHTW Berlin). Seit 2019 ist er wissenschaftlicher Direktor des Instituts für Makroökonomie und Konjunkturforschung (IMK) in der Hans-Böckler-Stiftung.

Prof. Dr. Sebastian Gechert ist Leiter des Referats »Makroökonomie und Einkommensentwicklung« am Institut für Makroökonomie und Konjunkturforschung (IMK) in Düsseldorf sowie Privatdozent am Institut für Volkswirtschaftslehre der Universität Bamberg. Zudem ist er Sprecher des »Forum for Macroeconomic and Macroeconomic Policies (FMM)«, eines internationalen akademischen Forschungsnetzwerks.

Ziel 8:
Menschen-würdige Arbeit und Wirtschafts-wachstum

Dauerhaftes, breitenwirksames und nachhaltiges Wirtschaftswachstum, produktive Vollbeschäftigung und menschenwürdige Arbeit für alle fördern

Beschäftigte an der Gestaltung des Wandels beteiligen

Reiner Hoffmann
Vorsitzender des Deutschen
Gewerkschaftsbundes
(2014 – 2022)

»Menschenwürdige Arbeit und Wirtschaftswachstum« – bereits im Titel des achten Nachhaltigkeitsziels (SDG 8) der Vereinten Nationen werden diese beiden Faktoren unmittelbar in Zusammenhang gebracht. Das ist gut so, denn menschenwürdige Arbeit ist immer die Voraussetzung für Wachstum und Wertschöpfung. Aber was bedeutet menschenwürdige Arbeit, wo muss angesetzt werden, um dies gemäß der UN-Nachhaltigkeitsziele zu fördern? Die Vereinten Nationen definieren in der Allgemeinen Erklärung der Menschenrechte die universell geltenden Grundrechte für arbeitende Menschen und ihre Familien.

Jeder hat das Recht
- auf Arbeit, auf freie Berufswahl, auf gerechte und befriedigende Arbeitsbedingungen sowie auf Schutz vor Arbeitslosigkeit,
- auf gleichen Lohn für gleiche Arbeit,
- auf gerechte und befriedigende Entlohnung, die ihm und seiner Familie eine der menschlichen Würde entsprechende Existenz sichert, gegebenenfalls ergänzt durch andere soziale Schutzmaßnahmen,
- Gewerkschaften zu bilden und solchen beizutreten.

»Leave no one behind!«

Die älteste UN-Unterorganisation, die Internationale Arbeitsorganisation (IAO), geht mit ihren vier Kernarbeitsnormen weiter. Die Vereinigungsfreiheit und das Recht auf Kollektivverhandlungen, die Beseitigung der Zwangsarbeit, die Abschaffung der Kinderarbeit sowie das Verbot der Diskriminierung in Beschäftigung und Beruf sind Menschenrechte und sind Grundlage des SDG 8. Darüber hinaus gehört zum Erreichen menschenwürdiger Arbeit der notwendige Dialog der Sozialpartner. Der Schutz von Arbeitnehmerrechten und nicht zuletzt der Auf- und Ausbau von Systemen der sozialen Sicherung sind hierbei von besonderer Bedeutung. Auch sie wurden beim SDG 8 berücksichtigt.

Aber wie können wir menschenwürdige Arbeit in der Transformation sicherstellen? Digitalisierung und Klimawandel haben enorme Auswirkungen auf die Arbeitswelt. Für uns Gewerkschaften geht es darum, den umfassenden Wandel der Arbeit sozial gerecht zu vollziehen, ohne dass dabei jemand auf der Strecke bleibt. *»Leave no one behind!«* – das ist unser Motto.

Zugleich sagen wir: Nur ein mitbestimmtes Unternehmen ist auch ein nachhaltiges Unternehmen! Denn wir sind der Überzeugung, dass Unternehmen, die tarifgebunden sind und das schöpferische Potenzial ihrer Beschäftigten durch Partizipation nutzen, erfolgreicher die Transformation bewältigen können. Wir dürfen die Transformation nicht nur in Ist- und Sollzuständen denken, wie die Wirtschaft jetzt ist und wie sie werden soll. Wir müssen die Beschäftigten beteiligen und ihnen Wohlstand in einer klimaneutralen Welt bieten.

Hier ist noch viel zu tun, denn auch in unserem Land ist die Tarifbindung als Voraussetzung für einen gerechten Wandel auf dem Rückzug. Auch die gewerkschaftliche Prämisse der Geschlechtergerechtigkeit, die in einigen SDG angesprochen wird, ist noch längst nicht verwirklicht. Unsere Kolleginnen begehen jedes Jahr den »Equal-Pay-Day«, um auf die bestehenden Lohnunterschiede zwischen Frau und Mann hinzuweisen. Ganz zu schweigen von den Ungleichheiten bei der Entlohnung von Arbeitnehmer*innen in den Zulieferunternehmen im Globalen Süden.

Lieferkettengesetz – richtig!

Gerade beim Blick über die Grenzen hinaus müssen wir immer wieder feststellen, dass Kinderarbeit und Zwangsarbeit in einigen Wertschöpfungsketten traurige Realität sind. Es kann nicht sein, dass wir soziale Missstände und Umweltverschmutzung in andere Länder externalisieren. Sich zu Gewerkschaften zusammenzuschließen und für seine Rechte einzustehen wird in vielen Ländern massiv verhindert. Das geht häufig zulasten des Arbeitsschutzes und existenzsichernder Löhne.

Von daher ist es richtig, dass nun ein Lieferkettengesetz auf den Weg gebracht wurde, das Unternehmen verpflichtet, auf die sozialen Belange der Menschen, die in ihren globalen Wertschöpfungsketten arbeiten, zu achten.

Die sozialökologische Transformation betrifft alle Menschen auf diesem Planeten und ist kein Luxusproblem des Westens.

Die COVID-19-Pandemie hat gezeigt, wie fragil unser bisheriges Globalisierungsmodell ist. Produktionsabläufe gerieten aufgrund von Lieferengpässen ins Stocken und gesellschaftlich notwendige Versorgungsgüter (wie Pharma- und Medizinprodukte) konnten nicht bereitgestellt werden. Ganz zu schweigen vom sozialen Schutz der Kolleginnen und Kollegen im Globalen Süden, die die gleiche Pandemie durchleiden ohne Aussicht auf die gleichen Impfstoffmengen wie in den Industrieländern. Sie haben ihre Arbeitsplätze verloren, ohne vom erfolgreichen deutschen Modell des Kurzarbeitergeldes zu profitieren.

Die Globalisierung der Produktion vermochte bis heute nicht für einen ausreichenden sozialen Fortschritt in den Ländern des Globalen Südens zu sorgen. Letztlich sagt uns das SDG 8 auch: Wer resiliente Wertschöpfungsketten will, der muss zur Kenntnis nehmen, dass die Arbeit von Menschen erbracht wird und alle Menschen ein Recht auf Würde haben. Die Transformation unserer Wirtschaft wird nur mit gerechten Übergängen gelingen. Beschäftigte müssen an der Gestaltung des Wandels beteiligt werden. Wir müssen ihre Potenziale zur Geltung bringen und ihre Interessen nach sozialer Sicherheit und tarifgebundener Arbeit berücksichtigen. Dafür ist das Sustainable Development Goal 8 der normative Maßstab der Gewerkschaftspolitik in der Transformation.

Reiner Hoffmann war von 2014 bis 2022 Vorsitzender des Deutschen Gewerkschaftsbundes. Nach Berufsausbildung und Studium arbeitete er bei der Hans-Böckler-Stiftung, zuletzt als Leiter der Abteilung Forschungsförderung. Von Oktober 1994 bis Mai 2003 war er Direktor des Europäischen Gewerkschaftsinstituts (EGI) in Brüssel. Von 2003 bis 2009 war er stellvertretender Generalsekretär des EGB. 2009 wurde er zum Landesbezirksleiter der Industriegewerkschaft Bergbau, Chemie, Energie (IGBCE) Nordrhein gewählt, 2013 kam er in den Geschäftsführenden Bundesvorstand des DGB (GBV).

Nachhaltiges Wachstum und menschenwürdige Arbeit: der Beitrag der Chemieindustrie

Ralf Fücks
Geschäftsführender Gesellschafter
des Zentrums Liberale Moderne

Es lohnt, immer mal wieder einen Blick auf die Sustainable Development Goals zu werfen. Sie wurden im Jahr 2015 von den Vereinten Nationen als Aufruf zu einer kollektiven Kraftanstrengung der Weltgemeinschaft verabschiedet, bis zum Jahr 2030 Hunger und Armut zu überwinden, den Übergang zu einer nachhaltigen Wirtschaftsweise zu schaffen, Diskriminierung zu beenden und soziale Teilhabe aller zu ermöglichen. Ob diese Ziele tatsächlich bis zum Ende unseres Jahrzehnts verwirklicht werden können, ist zweifelhaft. Sie bleiben dennoch richtig – als Leitlinie für staatliches Handeln wie für zukunftsorientierte Unternehmen.

Der SDG-Katalog umfasst 17 aufeinander bezogene Ziele. Nummer 8 fordert menschenwürdige Arbeit und nachhaltiges Wachstum. Wirtschaftswachstum ist kein Selbstzweck. Es soll der Vollbeschäftigung und einem guten Leben für alle dienen und muss zugleich die ökologischen Lebensgrundlagen sichern.

Grüne industrielle Revolution

Die Herausforderungen sind gewaltig. Ein Großteil der Menschheit lebt heute noch in Armut. Für Milliarden Menschen sind gute Ernährung, medizinische Versorgung, Bildung, soziale Sicherheit, halbwegs komfortables Wohnen und menschenwürdige Arbeit immer noch Mangelware, trotz aller beeindruckenden wirtschaftlichen und sozialen Fortschritte der letzten Jahrzehnte. Bis zur Mitte des Jahrhunderts wird die Weltbevölkerung Richtung zehn Milliarden Menschen wachsen, am stärksten in den armen Ländern. Gleichzeitig gefährden Klimawandel, Artensterben und Verlust fruchtbarer Böden unsere natürlichen Lebensgrundlagen.

Diese doppelte Herausforderung – ein besseres Leben für Milliarden Menschen, ohne dabei das Ökosystem zu ruinieren – erfordert nichts weniger als eine grüne industrielle Revolution in einer historisch kurzen Frist. Ihr Kern ist die Entkopplung von Wohlstandsproduktion und Naturverbrauch. »Green Growth« bedeutet höhere Produktivität und steigenden Output bei sinkenden Emissionen und Ressourcenverbrauch. Dabei spielt die chemische Industrie eine Schlüsselrolle.

Sie ist eine global ausgerichtete, beschäftigungs- und exportstarke, innovative Branche mit hoher Wertschöpfung und relativ hohen Löhnen, gleichermaßen relevant für unseren Alltag als Konsumenten wie als Vorlieferant für andere Wirtschaftszweige – Landwirtschaft, Bausektor, verarbeitende Industrie und Verkehrsbranche.

Gleichzeitig stand und steht die Chemieindustrie immer wieder im Licht der Kritik. Zwar liegen die großen Chemieunfälle – Sandoz, Seveso, Bhopal – schon Jahrzehnte zurück, die jüngste Explosion eines Tanklagers im Chemiepark Leverkusen zeigt aber die latenten Risiken. Auch die Diskussion um giftige Chemikalien in Lebensmitteln, Kinderspielzeug, Teppichböden oder Holzschutzmitteln erregt die Gemüter nicht mehr so heftig wie in früheren Jahren – nicht zuletzt dank der Verschärfung entsprechender Schutzgesetze. Aber die kritische Debatte um Pestizide in der Landwirtschaft, Nitrat im Grundwasser, die Risikoabschätzung neuer Chemikalien und grüne Gentechnik ist nach wie vor virulent.

CO_2-Sparpotenziale der chemischen Industrie

Ein neues Megathema ist die Frage nach den Klimawirkungen der Chemie. Sie wird in den kommenden Jahren noch an Relevanz gewinnen, und zwar in doppelter Hinsicht: Zum einen ist die chemische Industrie eine energieintensive Branche mit einem hohen Anteil fossiler Energieträger und entsprechend hohen CO_2-Emissionen. Gleichzeitig hat sie enorme Potenziale für eine Reduzierung der Treibhausgasemissionen – sowohl in den eigenen Produktionsprozessen wie in anderen Wirtschaftszweigen.

Die entsprechenden Anwendungsfelder sind vielfältig – Batterietechnik, Wasserstoff und synthetische Kraftstoffe, Leichtbaumaterialien, biobasierte Kunststoffe, Dämmstoffe für Gebäude und die biotechnische Optimierung von Nutzpflanzen sind nur einige Beispiele. Für den Klimaschutz ist die Chemieindustrie gleichzeitig ein Problem und ein Problemlöser. Sie kann und muss eine zentrale Rolle beim Übergang in eine klimaneutrale Industriegesellschaft spielen.

Die umwelt- und klimapolitischen Fortschritte der Branche in den letzten zwei Jahrzehnten sind beeindruckend. Der spezifische Energie- und Wasserverbrauch und die CO_2-Emissionen pro Produkteinheit gingen drastisch zurück – für die deutschen Chemieunternehmen gilt als Faustregel, dass sie seit 1990 ihre Produktion verdoppelt und ihre Emissionen halbiert haben. Das waren allerdings eher die »low hanging fruits« – weitere Fortschritte in Richtung Klimaneutralität erfordern einen strukturellen Umbau der Industrie.

Die neuen, ambitionierten Klimaziele Deutschlands und der EU werden den Veränderungsdruck noch einmal erhöhen. In der nächsten Etappe geht es um eine grundlegende Veränderung der Rohstoff- und Energiebasis und der Produktionsprozesse – weg von fossilen Energieträgern, hin zu erneuerbaren Energien, Wasserstoff und synthetischen Kraftstoffen. Die chemische Industrie kann zum Vorreiter für eine Kreislaufökonomie und die industrielle Photosynthese werden – die Umwandlung von Sonnenenergie, Wasser und CO_2 in chemische Energie.

Dazu braucht es nicht nur technische Innovationen und enorme Investitionen der Unternehmen, sondern auch flankierende staatliche Rahmenbedingungen. Dazu zählen wettbewerbsfähige Strompreise und eine forschungs- und investitionsfreundliche Steuerpolitik, der Aufbau eines internationalen Verbunds erneuerbarer Energien und einer Wasserstoffinfrastruktur bis zu beschleunigten Genehmigungsverfahren.

Nicht zuletzt geht es darum, einen sozialverträglichen Weg des ökologischen Umbaus einzuschlagen, der Beschäftigung und Einkommen sichert. Die deutschen Chemieunternehmen stehen im globalen Wettbewerb. Sie können ihn nur mit Forschung und Innovation, der Qualität ihrer Produkte, einer vorbildlichen Sicherheitskultur und attraktiven Arbeitsbedingungen bestehen. Es geht um die Entwicklung nachhaltiger Produktionsverfahren, Produkte und Geschäftsmodelle, die global anschlussfähig sind, insbesondere in den Wachstumsregionen Asiens, Afrikas und Lateinamerikas. So kann aus der Herausforderung des Klimawandels eine ökonomische und soziale Erfolgsgeschichte werden.

Ralf Fücks ist seit 2017 geschäftsführender Gesellschafter des Zentrums Liberale Moderne und wirkte zuvor 21 Jahre als Vorstand der Heinrich-Böll-Stiftung, der politischen Stiftung von Bündnis 90/Die Grünen. Davor war er Co-Vorsitzender der Partei (1989/90) und Senator für Umwelt und Stadtentwicklung in Bremen (1991–1995). Fücks setzt sich seit vielen Jahren für die demokratische Opposition in Russland, der Ukraine und anderen osteuropäischen Ländern ein. Er ist überzeugter Europäer und Transatlantiker. Fücks schreibt regelmäßig in führenden Zeitungen, hält Vorträge im In- und Ausland und hat sich einen Namen als Buchautor gemacht.

Rein in den Maschinenraum: Reformen anpacken!

Steffen Kampeter
Hauptgeschäftsführer des Bundesverbands
der Deutschen Arbeitgeberverbände (BDA)

Als sich die Vereinten Nationen vor sechs Jahren auf 17 globale Nachhaltigkeitsziele – die Sustainable Development Goals (SDG) – der Agenda 2030 geeinigt haben, war allen bewusst, dass die Umsetzung dieser Ziele ein äußerst ambitioniertes Vorhaben ist. Und heute, mitten in der Coronapandemie und mitten in der größten Wirtschaftskrise seit dem Zweiten Weltkrieg, sprechen wir von einem Wettlauf gegen die Zeit.

Allein die wirtschaftlichen und sozialen Folgen der Pandemie haben uns um Jahre zurückgeworfen: Die weltweite Beschäftigung ist im letzten Jahr dramatisch um 255 Millionen Vollzeitstellen gesunken. In Ländern ohne soziale Sicherungssysteme hat sich COVID zu einer humanitären Krise ausgewachsen.

Auch Deutschland wurde von der Pandemie hart getroffen – vor allem wirtschaftlich: Wir haben viele kleine und mittelständische Unternehmen verloren – insbesondere Hotels, Einzelhändler, Gaststätten und andere Dienstleister; Unternehmen, die nach den Lockdowns fehlen werden, um dringend notwendige Beschäftigung zu schaffen.

Veränderungen jetzt anpacken

Klar ist: Wenn wir jetzt nicht die dringend notwendigen Reformen anstoßen, werden wir die ehrgeizigen Ziele der Agenda 2030 kaum erreichen können. Die OECD hat für Deutschland erneut die zweithöchste Abgabenbelastung aller OECD-Staaten festgestellt. Damit werden wir es nicht schaffen können, auf einen dauerhaften Wachstumspfad einzulenken. Wir müssen Deutschland jetzt wettbewerbs- und zukunftsfähiger machen. Die lange überfällige Modernisierung unserer Sozialsysteme mit einem Stoppschild für Sozialabgaben bei 40 Prozent ist hierfür ein zentraler Baustein. Eine umfassende und zielgerichtete Reformagenda muss zudem den Wandel der Wirtschafts- und Arbeitswelt aktiv und positiv gestalten.

Von großer Bedeutung für unser Land ist Offenheit für neue Technologien, Geschäftsmodelle und Beschäftigungsformen. Gerade auch die Beschäftigung in der Chemieindustrie wird davon abhängen, inwieweit sie die dynamischen Entwicklungen der Digitalisierung für sich nutzen kann.

Grundgedanke des SDG 8 ist richtig

Das Grundverständnis von SDG 8 ist, dass Wirtschaftswachstum und menschenwürdige Arbeit zwei Seiten derselben Medaille sind. Wir brauchen eine höhere Produktivität, Unternehmertum, Kreativität und Innovation, um bis 2030 produktive Vollbeschäftigung und menschenwürdige Arbeit für alle Frauen und Männer sowie gleiches Entgelt für gleichwertige Arbeit zu erreichen. Auf dieses Grundverständnis haben sich im Jahr 2015 Regierungen, Sozialpartner und Zivilgesellschaft weltweit gemeinsam geeinigt.

Sozialpartner besser einbeziehen

Die Bundesregierung hat im Juli 2021 im Rahmen des Voluntary-National-Review Prozesses bei der UN in New York ihre Prioritäten und Maßnahmen zur Erreichung der SDG dargelegt. Die Einbeziehung der Sozialpartner in diesen Prozess ist von großer Bedeutung. Gerade in Zeiten der Pandemie muss der Dialog zwischen Sozialpartnern und Bundesregierung ein Grundpfeiler der Politik sein. Richtigerweise ist die Zusammenarbeit zwischen staatlichen Akteuren und Privatwirtschaft ein Kernanliegen der

Agenda 2030. Öffentlich-private Partnerschaften sollen explizit gestärkt werden.

Weltweit gibt es bei der Einbeziehung der Sozialpartner jedoch riesigen Nachholbedarf – auch bei der UNO selbst: In nur 15 Prozent der Fälle wurden Arbeitgeber- und Wirtschaftsverbände bei den Verhandlungen zu nationalen Entwicklungsabkommen mit der UN konsultiert. Der globale Dachverband der Arbeitgeber, die IOE, hat daher gemeinsam mit der Konrad-Adenauer-Stiftung ein Projekt zum stärkeren Dialog zwischen UN und Arbeitgebern auf nationaler Ebene angestoßen. Es liegt im Interesse aller Beteiligten, Kooperationen zu stärken.

Lieferkettengesetz falscher Weg

»Gut gemeint, aber nicht gut gemacht« – das könnte die Überschrift für das »Lieferkettengesetz« sein. Denn diese Gesetzesinitiative läuft dem Ziel, Vollbeschäftigung und menschenwürdige Arbeit durch Wirtschaftswachstum, Unternehmertum und Innovation zu erreichen, zuwider. Ein solches Gesetz hätte nicht nur negative Auswirkungen auf Wachstum und Beschäftigung in Deutschland, sondern auch gerade in den Ländern, die aufgrund schwieriger Rahmenbedingungen im besonderen Maß darauf angewiesen sind, stärker am globalen Handel teilzunehmen. Wenn Handel mit diesen Ländern für weltweit aktive Unternehmen zu riskant wird, sind die Mitarbeiterinnen und Mitarbeiter in den dortigen Zulieferbetrieben diejenigen, die am meisten betroffen sein werden.

Geeignete globale Maßnahmen

Um menschenwürdige Arbeit weltweit zu fördern, müssen stattdessen die Ursachen angegangen werden – zum Beispiel ein zu großer informeller Sektor, Korruption und ein unzureichender Zugang zu Bildung.

Ein gemeinsamer Bericht von ILO, OECD, UNICEF und anderen internationalen Organisationen hat noch einmal deutlich gemacht, dass die ganz überwiegende Mehrheit von Kinder- und Zwangsarbeit keine Verbindung zu globalen Lieferketten hat. In Nordafrika finden zum Beispiel mehr als 90 Prozent der Kinderarbeit in der rein einheimischen Wirtschaft ohne jegliche Beziehung zu globalen Lieferketten statt.

Um die nationalen Rahmenbedingungen zur Abschaffung der Kinderarbeit zu verbessern, hat sich die Allianz 8.7 gegründet, ein Zusammenschluss von Regierungen, Sozialpartnern, UN-Organisationen und Zivilgesellschaft. Solche innovativen Initiativen, die alle Akteure an den Tisch bringen, sind der richtige Weg, um systematische Herausforderungen gemeinsam anzugehen.

Veränderung aktiv gestalten

Wir leben in turbulenten Zeiten. Schon vor COVID hat die Digitalisierung von Wirtschaft und Arbeitswelt große Anpassungen eingefordert. Über die Jahrhunderte hinweg haben wir gelernt, dass wir Veränderung nicht verhindern, wohl aber aktiv gestalten können.

Es wird sich jetzt entscheiden, ob wir in Deutschland die Weichenstellungen so vornehmen, dass wir die Chancen, die Digitalisierung und Innovation bieten, voll nutzen können oder ob wir den Entwicklungen nur hinterherrennen. Davon wird abhängen, wie weit wir die Ziele der Agenda 2030 erreichen.

Steffen Kampeter ist seit 2016 Hauptgeschäftsführer des Bundesverbands der Deutschen Arbeitgeberverbände (BDA). Er war von 1990 bis 2016 Mitglied des Bundestages, ab 1999 Obmann der CDU/CSU-Fraktion im Haushaltsausschuss. Von 2005 bis 2009 war er haushaltspolitischer Sprecher der CDU/CSU-Fraktion, von 2009 bis 2015 Parlamentarischer Staatssekretär beim Bundesminister der Finanzen.

Nachhaltiges Wachstum in der sozialen Marktwirtschaft

Prof. Dr. Michael Hüther
Direktor des Instituts
der deutschen Wirtschaft

Vor 50 Jahren – im Oktober 1971 – wurde erstmals ein »Umweltprogramm der Bundesregierung« vorgelegt. Mit der Institutionalisierung der Umweltpolitik verband sich durchweg eine ordnungspolitische Sicht, um durch Ordnungsrecht und Preissteuerung den volkswirtschaftlichen Strukturwandel sowohl ressourcenschonender als auch emissionsärmer zu gestalten. Umweltpolitik ist also von Beginn an als Teil der Rahmensetzung für Märkte und Akteure verstanden worden, genauer: als Teil der sozialen Marktwirtschaft.

Auch wenn bereits damals neben das Verursacherprinzip, das die etablierte ökonomische Debatte um negative technologische externe Effekte der Produktion reflektierte, das Vorsorgeprinzip gestellt wurde, blieb es zunächst beim nachsorgenden Umweltschutz. Umweltprobleme galten noch als überschaubar und als im Rahmen der existierenden Regelwerke beziehungsweise des vorhandenen Instrumentenkasten lösbar. In diesem Sinne konnte der »blaue Himmel über der Ruhr«, den Willy Brandt 1961 erstmals gefordert und der 1964 zur TA Luft geführt hatte, erreicht werden.

Umweltpolitik muss vorsorgend sein

Sichtweise und Herausforderung der Umweltpolitik änderten sich mit dem Aufkommen grundsätzlicher Wachstumskritik, die mit der Studie des Club of Rome im Jahr 1973 (»Die Grenzen des Wachstums«) und dem Bericht »Global 2000« an den US-Präsidenten im Jahr 1980 sich öffentlichkeitswirksam Ausdruck verschaffte. Die Botschaft war überzeugend: Allein mit nachsorgender Umweltpolitik wird man die ökologischen Folgen des Wirtschaftens nicht in den Griff bekommen. Entsprechend kam es zu einem umweltpolitischen Paradigmenwechsel, vollzogen mit der Konferenz der Vereinten Nationen für Umwelt und Entwicklung 1992 in Rio de Janeiro.

Umweltpolitik wird heute unbestritten als vorsorgende Politik verstanden, als eine Politik, die zukunftsbezogen Umweltqualitätsziele festlegt, aus denen – und nicht mehr nur aus einem ermittelten Schadensbefund – sich politischer Handlungsbedarf ableitet. Seitdem lautet das Ziel »dauerhaft umweltgerechte Entwicklung« (»sustainable development«). Es basiert auf der Forderung, dass ökonomische, soziale und ökologische Entwicklungen im Gleichschritt einhergehen und nicht voneinander getrennt oder gar gegeneinander ausgespielt werden dürfen.

Aufbauend auf der Vorstellung einer intra- und intergenerativen Gerechtigkeit soll sich – dem Grundsatz der Nachhaltigkeit folgend – die Nutzung erneuerbarer Ressourcen in jenen Grenzen orientieren, die sich aus den Möglichkeiten ihrer Regeneration ergeben, die Nutzung nicht erneuerbarer Ressourcen hingegen an den Möglichkeiten, durch Innovation und Investition zu einem Substitut zu gelangen. Zudem soll die Freisetzung von (Schad-)Stoffen nicht größer sein als die Aufnahmekapazität der Umweltmedien, sie sollte diese möglichst deutlich unterschreiten.

Gefordert wird damit eine Wirtschaftsweise, die den langfristigen Substanzerhalt ökologischer Potenziale in den Vordergrund stellt. Letztlich muss es eine dauerhafte Ausrichtung der sich fortschreitend entwickelnden Volkswirtschaften an den Belastungsgrenzen der Umweltmedien (»kritische Ressourcenbestände«) geben. Die Wahrnehmung, ob ein Lebensraum ökologisch intakt ist, hängt von den spezifischen Bedürfnissen und Interessen derjenigen ab, die diesen Lebensraum heute als ihre Umwelt nutzen wollen und dabei die Ansprüche künftiger Generationen einbinden. Harte Fakten bieten dafür Umkipppunkte ökologischer Prozesse bei einzelnen Umweltmedien.

Freiheit UND Verantwortung

Die Konzeption der dauerhaft umweltgerechten Entwicklung weitet den Blick auf die Wirkungszusammenhänge von ökologischen, sozialen sowie ökonomischen Entwicklungen und öffnet zukunftsorientiert die notwendige normative Debatte explizit für andere Gesichtspunkte. Welche theoretische Basis kann die Ökonomik für solchermaßen zukunftsorientiertes Handeln – wie die Klimapolitik – anbieten? Marktwirtschaft beruht konzeptionell auf der unauflöslichen Verknüpfung von Freiheit und Verantwortung, aber ebenso auf dem Prinzip des fairen, beide Seiten besserstellenden

Tauschs, was im Grunde nichts anderes verlangt als die Pflicht, nicht zu stehlen.

In diesem Sinne verstößt die Ausbeutung öffentlicher Güter (zum Beispiel saubere Luft, sauberes Wasser, aufnahmefähige Umweltmedien) gegen die ethische Basis der Tauschwirtschaft und verlangt staatliche Eingriffe. Zwischen den heute lebenden und den künftigen Generationen besteht kein Unterschied im moralischen Status sowie den daraus folgenden berechtigten Ansprüchen. Daraus folgt ökonomisch eine Pflicht zu dieser Zukunftsvorsorge. Nicht nur der ermittelbare Schadensbefund, sondern ebenso die Sicherung künftiger Umweltqualität legitimieren aus wirtschaftswissenschaftlicher Sicht die Umwelt- und Klimapolitik.

Die Perspektive auf einen ökologisch definierten Rahmen des volkswirtschaftlichen Strukturwandels verlangt allerdings zugleich, die Steuerung durch Märkte – Preisstruktur und relative Preise als Knappheitssignale – so weitgehend wie möglich zu nutzen. Marktwirtschaft ist nun mal das effizienteste System, um in einer freiheitlichen Ordnung so wirksam wie möglich mit Knappheit umzugehen und vielfältig sowie schnell Innovationen hervorzubringen. Die Ableitung der Nachhaltigkeit kann in Verzichtsvorgaben liegen, aber ebenso in einer Effizienzrevolution. Das zielt generell auf eine Steigerung der Ressourcenproduktivität.

Tatsächlich hat die ökologische Debatte, welche die Voraussetzungen wirtschaftlichen Wachstums durch Naturkapital und Sozialkapital thematisiert, in den vergangenen vier Dekaden wichtige Impulse für eine vorausschauend ressourcenorientierte Ökonomik gegeben. Wünschenswert wäre es, wenn wachstumskritische Diskurse der Wachstumsablehnung oder Wachstumsrückgabe (»Degrowth«) gleichermaßen offener und bewusster mit ihren freiheitsskeptischen Aspekten umgingen.

Prof. Dr. Michael Hüther ist seit 2004 Direktor des Instituts der deutschen Wirtschaft. Zuvor war er von 1995 bis 1999 Generalsekretär des Sachverständigenrates zur Begutachtung der gesamtwirtschaftlichen Entwicklung, dann Chefvolkswirt der Deka-Bank. Er ist Mitglied zahlreicher Aufsichtsräte und wissenschaftlicher sowie politischer Beratungsgremien.

Ziel 9:
Industrie, Innovation und Infrastruktur

Widerstandsfähige Infrastruktur aufbauen, breitenwirksame und nachhaltige Industrialisierung fördern und Innovationen unterstützen

Changemanagement im Klimaschutz richtig machen

Wolfgang Langhoff
Vorsitzender des Vorstands
der BP Europa SE

Ehrgeizige Klimaziele werden zur Grundlage von Politik- und Businessstrategien. Die Transformation von der alten zur neuen Energiewelt ist grundlegend. Deswegen kommt es jetzt entscheidend darauf an, diesen Wandel richtig zu managen. Es muss eine kluge Balance gefunden werden zwischen dem, was noch absehbar gebraucht wird – sicher auch um den Wandel zu finanzieren –, und dem, was für Klimaneutralität bis spätestens zur Jahrhundertmitte erforderlich ist.

Politik, Wirtschaft und Gesellschaft haben hier nur einen Versuch, und der muss sitzen. Dieses »Changemanagement« hin zur Klimaneutralität darf nicht misslingen.

Die Dimensionen, um die es dabei geht, werden weithin unterschätzt. Zieht man den Klimaschutzsondereffekt durch die Stilllegung von alten DDR-Energie- und -Industriebetrieben ab, müssen jetzt in den acht Jahren bis 2030 so viel Treibhausgasemissionen zusätzlich reduziert werden, wie dies in den mehr als 30 Jahren seit 1990 geschehen ist – eine Verdreifachung des Tempos. Gleichzeitig sind die leicht umzusetzenden Maßnahmen beim Klimaschutz schon längst erledigt. Was jetzt kommt, wird deutlich schwieriger.

Besonders groß sind die Herausforderungen in der Mobilität. Gleichzeitig liegen hier aber auch große Chancen: Im Gegensatz zu Industrie und Energieversorgung hat es in diesem Sektor seit 1990 keine Reduzierung beim CO_2-Ausstoß gegeben, sodass bis Ende des Jahrzehnts die Treibhausgas-Emissionen gegenüber der Zeit vor Ausbruch der Coronapandemie halbiert werden müssen.

2030 ist keine Zielmarke, sondern nur ein wichtiger Meilenstein, an dem zum einen die gesetzten Ziele erreicht werden, aber auch alle Weichen gestellt sein müssen, um tatsächlich Klimaneutralität bis 2045 zu erreichen, wie es das verschärfte Klimaschutzgesetz verlangt.

Den Schwerpunkt der Mobilität bildet der Pkw-Verkehr. Gegenwärtig gibt es in Deutschland rund 48 Millionen Autos, 2030 werden es voraussichtlich über 50 Millionen sein. Selbst nach optimistischen Schätzungen sind dann immer noch deutlich mehr als 30 Millionen Fahrzeuge mit einem Verbrennungsmotor unterwegs. Flüssige Kraftstoffe werden also 2030 noch genauso gebraucht wie heute. Deswegen muss ihr CO_2-Fußabdruck schnell und deutlich gesenkt werden.

Den Menschen sind individuelle Mobilität und Freiheit wichtig. Sie wollen auf das Auto nicht verzichten. Die Antwort muss daher, neben neuen Mobilitätskonzepten, eine umfassende Dekarbonisierung des Verkehrs durch Innovationen in den Antriebsenergien sein und nicht – wie manche fordern oder insgeheim anstreben – durch drastische Einschränkungen beim Pkw-Verkehr oder -Besitz. Die Klimaschutzstrategie nicht nur in der Pkw-Mobilität, sondern auch bei den Lkw sollte auf zwei Säulen stehen: Ausbau der Elektromobilität (Batterie und Wasserstoff sind gleichermaßen elektrisch) einerseits und die Nutzung von CO_2-ärmeren Kraftstoffen andererseits. Es gilt flüssige und gasförmige Moleküle zu nutzen.

bp will bis spätestens 2050 klimaneutral sein. Um dies zu erreichen, haben wir eine Strategie gewählt, mit der wir uns bis 2030 von einem internationalen Ölunternehmen zu einem integrierten Energieunternehmen entwickeln. Wir wollen jährlich rund fünf Milliarden US-Dollar in emissionsarme Aktivitäten investieren – zehnmal mehr als heute. Auch deswegen verzehnfachen wir bis 2030 unsere Ladepunkte für E-Autos und bauen unsere Wasserstoffinvestitionen massiv aus. In Deutschland entstehen immer mehr Ladepunkte in unserem Aral-Tankstellennetz. Die Zielmarke 1500 bis Ende 2022 ist nur eine Etappe, viele weitere Ladepunkte kommen in den nächsten Jahren in Deutschland und im europäischen Ausland dazu. Zugleich investieren wir in grünen Wasserstoff, um die Herstellung von Kraftstoffen CO_2-ärmer zu machen und um synthetisches, grünes Kerosin herzustellen. Wenn alles nach Plan läuft, können wir es schaffen, in unserer Raffinerie in Lingen (Emsland) bis zur Mitte des Jahrzehnts fossilen Wasserstoff in signifikantem Ausmaß durch grünen aus Windstrom hergestellten Wasserstoff zu ersetzen. Das wäre ein großer Schritt nach vorn, der mehr als Pilotcharakter hätte.

Es ist wenig bekannt, dass 40–45 Prozent der Wasserstoffnutzung in Deutschland in Raffinerien stattfindet. Würde hier komplett auf grünen Wasserstoff umgestellt, wäre das eine erhebliche Treibhausgasreduzierung. Deswegen wehren wir uns gegen Ideen, grünen Wasserstoff für bestimmte Branchen zu priorisieren. Es kommt auf die richtigen Rahmenbedingungen zugunsten des grünen Wasserstoffs in allen industriellen Anwendungen an. Darauf sollte sich die Politik konzentrieren und kein Mikromanagement in der Verteilung oder Zuweisung von grünem Wasserstoff betreiben. Einer der größten Fehler und Versuchungen im strategischen Management ist das Mikromanagement. Man kann nicht Architekt und Maurer zugleich sein. Diese Erkenntnis wird in der Politik leider noch viel zu wenig beherzigt. Wird sie nicht befolgt, droht beim Klimaschutz detailverliebtes »Klein-Klein«, wenngleich in bester Absicht. Gut gemeint führt nicht automatisch zu gut gemacht, und deshalb brauchen wir gerade jetzt möglichst viel Freiraum für Kreativität und Innovationen.

Diese Entwicklungen und Marktverschiebungen in der Mobilität sind exemplarisch für den Übergang, der jetzt beginnt, wie die deutlich steigenden Absatzzahlen für Elektro- und Hybridautos zeigen. Dieses Wachstum muss weitergehen, ohne die bestehenden Strukturen zu vernachlässigen, die den Wandel erst ermöglichen. Wir werden für ein bis zwei Jahrzehnte erleben, dass wir in zwei parallelen Mobilitätswelten leben, die sich gegenseitig bedingen. bp will in beiden Welten einen Beitrag in dem Wissen leisten, dass bis zur Jahrhundertmitte und vielleicht schon früher die fossilen Energien in der Mobilität keine Rolle mehr spielen werden.

Wolfgang Langhoff ist seit 2017 Vorsitzender des Vorstands der BP Europa SE. Seit 2013 verantwortete er im Vorstand bereits das Ressort Finanzen. Er ist zudem Vorstandsvorsitzender des Mineralölwirtschaftsverbands (MWV) und Vorsitzender des Beirats des Erdölbevorratungsverbands (EBV). Langhoff begann seine Laufbahn bei bp im Jahr 1989 und war seit dieser Zeit in verschiedenen internationalen Führungspositionen tätig.

Investitions- offensive für eine klimage- rechte Industrie

Ralf Sikorski
Stellvertretender Vorsitzender der IGBCE

Die Transformation der Wirtschaft stellt die chemische Industrie vor enorme Herausforderungen der Erneuerung und des Umbaus. Unser Ziel ist es, die zukünftige Industrieproduktion mit guten und mitbestimmten Arbeitsplätzen, fairen Löhnen und zeitgemäßen Arbeitsbedingungen in Deutschland und Europa zu verbinden. Nur wenn es gelingt, guter Industriearbeit in Deutschland und Europa eine Perspektive zu sichern, wird man überhaupt von einer erfolgreichen Transformation sprechen können.

Hierfür müssen wir frühzeitig die Weichen in Richtung klimagerechter Erneuerung der deutschen und europäischen Standorte stellen. Um dieses Ziel zu erreichen, werden in den kommenden Jahren massive Investitionen in neue Anlagen und Verfahren nötig sein. Diese neuen Verfahren werden sich rein betriebswirtschaftlich nicht immer sofort rentieren.

Daher sind wir der Auffassung, dass der Staat seiner Verantwortung nachkommen und in den nächsten Legislaturperioden aktiv industriepolitisch eingreifen muss. Wir stehen hier vor einem historischen Zeitfenster. Die kommenden Investitionszyklen müssen dafür genutzt werden, um den Kapitalstock in der Industrie zu erneuern und auf die Zukunft hin auszurichten. Gleichzeitig bietet das finanzpolitische Umfeld eine einmalige Gelegenheit, öffentliche und private Investitionen mit der notwendigen Durchschlagskraft zu ermöglichen.

Schutz- und Finanzierungsinstrumente für den Umbauprozess

Der Umbau der Industrie muss und wird in einem harten Wettbewerbsumfeld stattfinden. Die Weltmarktpreise für Basischemikalien können an die Kunden in der Anlaufphase der Umstellung auf alternative Produktionsverfahren kaum weitergegeben werden. Daher ist eine Grundvoraussetzung die ausreichende Verfügbarkeit des erneuerbaren Stroms zu Kosten von 4 Cent je Kilowattstunde. Ohne den Inputfaktor Energie klimaneutral, verlässlich und preisgünstig in einem ausreichenden Maße zur Verfügung zu haben, ist eine Dekarbonisierung der Industrie und anderer Wirtschaftsbereiche illusorisch.

Um der Industrie den Umbau zu ermöglichen, wird der Einsatz neuer Finanzierungs- und Schutzinstrumente notwendig sein. Insbesondere für viele der Grundstoffindustrien, die einen hohen Energiebedarf haben und im intensiven globalen Wettbewerb stehen, können höhere Energie-, Strom- und CO_2-Kosten zu einem entscheidenden Standortnachteil werden. Deshalb setzt sich die IGBCE für einen ganzheitlichen Carbon-Leakage-Schutz ein, damit die Ausgleichsmechanismen und unterstützenden Instrumente den Standort nachhaltig stärken und schützen.

Eine herausragende Rolle werden dabei voraussichtlich Klimaverträge (Carbon Contracts for Difference), sogenannte Differenzkostenverträge, mit den Unternehmen spielen. Damit können neue treibhausgasärmere Produktionsverfahren betriebswirtschaftlich rentabel und schneller zum Einsatz kommen.

Das Instrument des Transformationsfonds

Zudem fordern wir die Etablierung eines Transformationsfonds, mit dem der Staat die Unternehmen bei Investitionen in Zukunftstechnologien und in klimagerechte Produktionsverfahren unterstützt. Der Transformationsfonds soll zunächst mit einem Kapital von 120 Milliarden Euro ausgestattet werden. Dort, wo die Schaffung von Anreizen für unternehmerische Investitionen in klimagerechte Verfahren und Anlagen nicht genügt, ist der Staat aus unserer Sicht in der Pflicht, diese Investitionen mit eigenem Kapital zu verstärken. In diesem Zusammenhang müssen wir prüfen, ob sich der Staat an besonders betroffenen Unternehmen, aber auch an Start-ups, die neue Technologien und Verfahren entwickeln, beteiligen sollte.

Durch die Beteiligung hätte der Staat die Möglichkeit, eine investitionslenkende Position einzunehmen. Großprojekte, die das Ziel der

Treibhausgasneutralität unterstützen, könnten so schneller umgesetzt werden. Wir versprechen uns hiervon, gute Industriearbeit in Deutschland und Europa zu sichern, damit eine Abwanderung der Produktion vermieden werden kann.

Aus unserer Sicht fällt dem Staat eine besondere Verantwortung zu, da zur Erreichung seiner festgelegten Ziele in kurzer Zeit massive Investitionen getätigt werden müssen.

Unternehmensspezifische Roadmaps umsetzen

Um den Beitrag zur Erreichung der Klimaneutralität leisten zu können, sind Innovationen und Investitionen in Deutschland und Europa erforderlich. Wir fordern die Chemieunternehmen auf, ihre entwickelten Roadmaps und Strategien, wie etwa die »Roadmap Chemie 2050 – Auf dem Weg zu einer treibhausgasneutralen chemischen Industrie in Deutschland«, zur treibhausgasneutralen Chemieproduktion bis 2045 engagiert umzusetzen, damit die tariflich abgesicherten und mitbestimmten Arbeitsplätze erhalten und ausgeweitet werden können.

Ralf Sikorski ist seit 2019 stellvertretender Vorsitzender der IGBCE. Nach Berufsausbildung, Berufstätigkeit und Studienabschluss arbeitet er seit 1988 bei der IG BE, zunächst als Gewerkschaftssekretär, dann als Leiter der Abteilung Jugend in der Hauptverwaltung der IG BE sowie als Bezirksleiter im Bereich Ludwigshafen. Seit 2013 ist er Mitglied im geschäftsführenden Hauptvorstand der IGBCE.

Industrie braucht Nachhaltigkeit – Nachhaltigkeit braucht Industrie

Dieter Janecek
Mitglied des Deutschen Bundestages
(Bündnis 90 / Die Grünen)

Durch unsere derzeitige Art zu wirtschaften werden die planetaren Grenzen in einem nie dagewesenen Maß überschritten. Die Klimakrise mit all ihren ökologischen, ökonomischen und sozialen Verwerfungen ist bereits drastisch sichtbar. Der Erhalt der Lebensgrundlagen für unsere Kinder und Enkelkinder ist unser aller Verantwortung.

Inzwischen ist längst klar, dass es nicht um die Frage geht, ob Klimaschutz oder Wirtschaft wichtiger ist, nein, Klimaschutz ist längst eine fundamental ökonomische Frage. Die Kosten eines ungebremsten Klimawandels sind wirtschaftlich schlicht nicht zu meistern.

Gleichzeitig ergeben sich durch die Dekarbonisierung grundlegend neue Geschäftsmodelle und neue Märkte für Unternehmen, die sich auf den Weg in die postfossile Zukunft machen. Dekarbonisierung bedeutet auch, dass wir enorme Investitionen und Innovationen benötigen, die nur mit und nicht gegen die Industrie möglich sind, und dass wir resiliente Infrastrukturen brauchen. Nach meiner Erfahrung haben die allermeisten Unternehmen die enormen Herausforderungen beim Klimaschutz erkannt – und sind damit weiter als Teile der Politik.

Gleichzeitig ist klar: Wir stehen erst am Anfang eines historischen Umbruchs, der Industrie und Gesellschaft viel abverlangen wird, vor allem bei der Geschwindigkeit der Transformation. Dafür braucht die Chemie Mut, Ideenreichtum und natürlich geeignete regulatorische Rahmenbedingungen.

Zu Nachhaltigkeit gehört eine starke Wirtschaft

Ziel 9 der Nachhaltigkeitsentwicklungsziele der Vereinten Nationen richtet sich mit einem klaren Auftrag an die Politik: eine widerstandsfähige Infrastruktur aufzubauen, breitenwirksame und nachhaltige Industrialisierung zu fördern und Innovation zu unterstützen. Deutschland ist zweifellos weltweit eine der stärksten Industrienationen. Gerade die Chemie gehört zu den Erfolgsbranchen aus Deutschland. Und Deutschland verfügt – trotz einiger Defizite beispielsweise im digitalen Bereich – über eine insgesamt sehr gute Infrastruktur.

Sind wir also mit Blick auf Ziel 9, mit Blick auf »Industrie, Innovation und Infrastruktur« hierzulande bestens aufgestellt? Ganz so einfach ist es nicht. Denn der Blick auf den Istzustand reicht bei Weitem nicht aus.

Wollen wir eine dauerhaft erfolgreiche Industrie in Deutschland, kommen wir nicht umhin, die großen Herausforderungen dieser Zeit anzugehen: Das ist natürlich – besonders drängend – die Klimakrise. Aber auch Digitalisierung, Fachkräftemangel, Rohstoffversorgung und ein sich veränderndes geopolitisches Umfeld bilden erhebliche Herausforderungen. Hier haben wir schon jetzt kritische Engpässe, Handlungsdruck und Verwerfungen. Wichtig wäre es aber, dem Handlungsdruck so weit möglich zuvorzukommen und den Herausforderungen vorausschauend zu begegnen. Je eher, je mutiger sich Unternehmen diesen Veränderungen stellen, desto bessere Chancen haben sie auf den Märkten der Zukunft. Wir haben keine Zeit zu verlieren – weder beim Klimaschutz noch bei der Digitalisierung.

Lösungen für die großen Herausforderungen

Die ökologisch-soziale Transformation verlangt einen tiefgreifenden Wandel und birgt zugleich ein großes Zukunftsversprechen. Sauber und sozialverträglich produzierte Güter, Prozesse und Dienstleistungen, die den Bestand der Industrie in Europa nachhaltig sichern und deren Stärken neu begründen – das ist die Vision. Es wäre aber naiv, dies allein auf die Schultern der Industrie zu legen.

Wir benötigen richtig gesetzte staatliche Rahmenbedingungen, mutige öffentliche und private Investitionen in die Infrastrukturen der Zukunft, in Bildung und Forschung, eine ambitionierte Industriepolitik, durch die ökologische Innovationen verstärkt gefördert werden, Abschreibungs- und Verlustrechnungsmöglichkeiten verbessert und Liquidität sichergestellt werden. Gerade die Chemieindustrie braucht hier Rückendeckung: Neben der Stahl- und Zementindustrie zählt sie zu den energie- und CO_2-intensivsten im Land.

Für viele Bereiche liegen die Konzepte für die Dekarbonisierung auf dem Tisch oder haben sich in Pilotanlagen bewährt. In anderen Feldern sind noch Anstrengungen bei Forschung, Entwicklung und Skalierbarkeit notwendig: Elektrifizierung, Einsatz von grünem Wasserstoff, Kreislaufwirtschaft und nachwachsende Rohstoffe, auch biotechnologische Verfahren und Katalysatoren weisen den Weg aus klimaschädlichen Prozessen. Gerade in der Chemie geht es dabei um erhebliche und langfristige Investitionen, teils um die komplette Umstellung von Produktionsanlagen. Das schütteln die Unternehmen nicht mal eben so aus dem Ärmel, ohne langfristige Planungssicherheit.

Zur Unterstützung solcher Prozesse setzen wir auf einen breiten Instrumentenmix. Wer sich ehrlich macht, der weiß: Die Transformation der Industrie ist eine Mammutaufgabe. Aber eine, zu der es keine Alternative gibt. Deutschland kann nur mit einer nachhaltigen Wirtschaftsweise seine internationale Position als globaler Industriestandort wahren und Wohlstand sichern, mit neuen Wertschöpfungsketten, neuen Produkten, Dienstleistungen, guten Arbeitsplätzen und zukunftsfähigen Geschäftsmodellen.

Dies erfordert eine aktive Industriepolitik, die neuen Technologien und Innovationen zum Durchbruch verhilft, insbesondere dort, wo die Marktteilnehmenden selbst diese Risiken nicht tragen können. Diese muss für fairen Wettbewerb sorgen, in Forschung, Digitalisierung investieren, Arbeitsplätze und gute Arbeitsbedingungen sichern, die Gleichberechtigung der Geschlechter und nicht diskriminierende Zugangsvoraussetzungen sicherstellen.

Dieter Janecek ist seit 2013 Mitglied des Deutschen Bundestages (Bündnis 90/Die Grünen). Er ist Sprecher für Industriepolitik und digitale Wirtschaft seiner Fraktion. Janecek gehört als Vollmitglied dem Ausschuss für Wirtschaft und Energie sowie dem Ausschuss Digitale Agenda an und fungiert in beiden Gremien als Obmann seiner Fraktion. Seit September 2018 ist er weiterhin Mitglied der neu konstituierten Enquete-Kommission »Künstliche Intelligenz – Gesellschaftliche Verantwortung und wirtschaftliche, soziale und ökologische Potenziale« des Deutschen Bundestages.

Ziel 10: Weniger Ungleichheit

Ungleichheit in und zwischen
Ländern verringern

Steuern in unserer Gesellschaft

Prof. Dr. Christian Kaeser
Global Head of Tax bei Siemens AG,
Vorsitzender der Steuerkommission der
Internationalen Handelskammer.

Steuern waren lange Zeit als Garant für Langeweile verschrien. Nun haben sie es – insbesondere die Unternehmenssteuern – seit einigen Jahren ins Rampenlicht der öffentlichen Diskussion geschafft. Eine Aufmerksamkeit, die Folgen hat und Anlass gibt, sich einmal grundsätzlich mit dem Verständnis der Rolle der Steuern in unserer Gesellschaft auseinanderzusetzen.

Das Gesetz versteht Steuern vereinfacht als Geldleistungen, die nicht eine Gegenleistung für eine besondere Leistung darstellen (sonst wären es zum Beispiel Gebühren) und vom Staat zur Erzielung von Einnahmen allen auferlegt werden, bei denen der Tatbestand zutrifft, an den das Gesetz die Leistungspflicht knüpft; dabei kann die Erzielung von Einnahmen Nebenzweck sein.

Ihrem Hauptzweck nach sind Steuern damit die vom Staat originär geschaffene Einnahmequelle und, da der Staat etwas von seinen Bürgern bzw. Steuerpflichtigen verlangt, ein Eingriff in deren grundgesetzlich verbürgten Freiheitsbereich. Steuerrecht ist daher Eingriffsrecht. Aber insbesondere

Unternehmenssteuern scheinen gesellschaftlich beziehungsweise medial anders wahrgenommen zu werden. Zahlt ein Unternehmen »wenig« Steuern, wird ihm schnell »Steuervermeidung« oder »Steuerumgehung« unterstellt und ohne weitere vertiefte Analyse der Schluss gezogen, insbesondere Großkonzerne betrieben »Tax Dodging« und verhielten sich unlauter.

Steueroptimierung ist ein verbürgtes Recht

Dabei resultiert eine vergleichsweise niedrige effektive Steuerbelastung von Konzernen oftmals schlicht aus dem Ländermix, in dem diese operativ tätig sind – da Deutschland mit einer kombinierten Steuerbelastung aus Körperschaftsteuer, Solidaritätszuschlag und Gewerbesteuer von guten 30 Prozent im internationalen Vergleich ein Hochsteuerland ist, ist das auch nicht weiter verwunderlich, wird aber geflissentlich ignoriert. Genauso ignoriert wird der Umstand, dass es Teil der grundgesetzlich verbürgten Freiheit des Steuerpflichtigen ist, seine Strukturen und Geschäfte so aufzusetzen und zu organisieren, dass die Steuerbelastung minimiert wird – vorausgesetzt, er bewegt sich im Rahmen der gesetzlichen Vorgaben.

Damit sind wir beim Kern des Themas und einem Phänomen angelangt, das nicht nur den Bereich der Steuern betrifft. Die öffentliche Kritik bezieht sich nicht auf ein gesetzwidriges Verhalten, sondern genau darauf, dass jemand im Bereich der gesetzlichen Vorgaben seine eigene Position optimiert. Damit erhebt sich diese Kritik zum zweiten Gesetzgeber – einem Quasi-Gesetzgeber, der keinen grundgesetzlichen Schranken unterliegt, sondern frei nach seinen eigenen Moral- und Ethikvorstellungen urteilt und verurteilt und für sich innerhalb des gesetzlichen Regelungsraums einen eigenständigen, engeren moralischen Regelungsraum beansprucht. Ob es dabei um Steuern geht, CO_2-Emissionen, Windräder oder Kohleausstieg, ist irrelevant. Wird die gesetzliche Regelung als zu weit angesehen oder passt sie nicht zur eigenen Sicht und Vorstellung, richtet sich der Protest der Kritiker gegen den Steuerpflichtigen. Erstaunlicherweise nicht gegen den Gesetzgeber, dem ja eigentlich die Regelungsprärogative zusteht. Auch insofern kein ganz neues Phänomen.

Man könnte das nun abtun, es wie Goethe halten – »wer die Pflicht hat, Steuern zu zahlen, hat auch das Recht, Steuern zu zahlen« – und ansonsten auf den Gesetzgeber verweisen. Man spränge damit aber wohl zu kurz. Denn schließlich kann man als Steuerpflichtiger (Konzern und Unternehmen) allgemeine Tendenzen in der Gesellschaft nicht ignorieren. Oder idealistisch ausgedrückt: Als Unternehmen ist man auf einen funktionierenden Rechts- und Gesellschaftsrahmen angewiesen, benötigt qualifizierte Arbeitskräfte, eine stabile Infrastruktur, ein sicheres Rechtssystem und kaufkraftstarke Abnehmer.

Es besteht daher ein ausgeprägtes Interesse der Unternehmen, »gute Steuerbürger« zu sein und ihren fairen Beitrag zur Staatsfinanzierung zu leisten. So betrachtet sind Dinge wie etwa die von der OECD entwickelte globale Mindeststeuer dem Grunde nach begrüßenswert, denn sie nivellieren die steuerliche Landkarte in Richtung eines Level-Playing-Fields. In der

Internationalen Handelskammer, der ICC, beobachten wir jedoch, dass trotz der zahlreichen internationalen Maßnahmen gegen Steueroptimierungen – wie die Mindeststeuer, weitgehende Berichtspflichten (Country-by-Country Reporting) und Verschärfungen für Unternehmen aus dem Base-Erosion / Profit-Shifting-Projekt (BEPS) der OECD – der Generalvorwurf der Steuervermeidung gegenüber Unternehmen und Konzernen jedoch keinesfalls abnimmt. Und dies, obwohl die hohen Steuerquoten der großen Unternehmen in Deutschland genau das Gegenteil belegen. Vielmehr geraten die überragende Bedeutung und der positive Beitrag der Wirtschaft für die Standorte immer mehr in den Hintergrund.

Besteuerung nach Recht, nicht nach Moral

Unser Wohlstand in Deutschland basiert ganz wesentlich auf innovativer Wirtschaftsleistung und dabei auch auf stabilen, weitgehend wirtschaftsfreundlichen Rahmenbedingungen. Ein wirkliches steuerliches Level-Playing-Field wird aber in jeder Hinsicht erst dann erreicht sein, wenn die Diskussion über Unternehmenssteuern nicht mehr programmatisch bestimmt wird, sondern versachlicht an der Wurzel ansetzt: Steuern werden auf gesetzlicher, nicht moralischer Grundlage vom Steuerpflichtigen erhoben.

Und völlig zu Recht tragen die Unternehmen beispielsweise in Deutschland somit einen der Hauptbeiträge zum Ertragsteueraufkommen; betriebswirtschaftlich sind Steuern bei den Unternehmen hingegen ein Kostenfaktor mit entsprechendem Gestaltungsspielraum, der über die letzten Jahre massiv geschrumpft ist und voraussichtlich weiter schrumpfen wird. Einen fixen übergesetzlichen Rahmen gibt es dabei nicht. Wohl aber divergierende Ideologien und dazugehörige Programme. Nicht mehr und nicht weniger.

Prof. Dr. Christian Kaeser ist Global Head of Tax bei Siemens AG und Vorsitzender der Steuerkommission der Internationalen Handelskammer. Er ist Vorsitzender des Aufsichtsrats der WTS Group AG Steuerberatungsgesellschaft und Autor zahlreicher Veröffentlichungen im Steuerbereich. Er ist Präsident der deutschen Landesgruppe der IFA und Vorsitzender der Steuerkommission der Internationalen Handelskammer (ICC) sowie Honorarprofessor an der Wirtschaftsuniversität Wien (WU).

Teilhabe ohne Inklusion: ein Gebäude ohne Türen?!

Petra Reinbold-Knape
Mitglied des geschäftsführenden
Hauptvorstands der IGBCE
(2015 – 2021)

Die Möglichkeit zur Teilhabe ist entscheidend dafür, wie menschenwürdig, wie gerecht und somit: wie friedlich und wie nachhaltig eine Wirtschaft und eine Gesellschaft sind. Das betrifft zunächst einmal die existenziellen Lebensgrundlagen, also Trinken und Essen, Gesundheit, Wohnen und körperliche sowie geistig-seelische Unversehrtheit. Das betrifft aber ebenso die Teilhabe an Bildung, Kultur, Arbeit sowie Wachstum und Wohlstand.

Und eine solche Teilhabe muss, damit sie gerecht ist, für alle offenstehen, und zwar unabhängig von Alter, von Geschlecht oder sexueller Orientierung, von Glauben und Religion, von Nationalität oder ethnischer Herkunft und schließlich auch unabhängig von körperlichen oder geistigen Befähigungen. Dies ist der Grundgedanke, wenn wir von Diversität sprechen. Und dies ist zugleich der Kern einer im besten Sinne demokratischen und humanen Ausrichtung des politischen, wirtschaftlichen und gesellschaftlichen Lebens.

Wie aber lässt dieser Anspruch sich praktisch umsetzen? Mit dieser Frage sind Gewerkschaften konfrontiert, wenn es um die Mitgestaltung von Arbeit und um betriebliche Mitbestimmung geht. Und tatsächlich stellt das Ziel einer gleichberechtigten Teilhabe in der betrieblichen Umsetzung überaus hohe Anforderungen. Schließlich müssen hier die individuellen Voraussetzungen und Fähigkeiten des jeweiligen Menschen zu den Anforderungen passen, die ein konkreter Arbeitsplatz stellt.

Barrierefreiheit und Inklusion

Eine ganz entscheidende Rolle spielen hierbei Betriebsräte und vor allem Schwerbehindertenvertretungen. Sie sind es, die in Unternehmen darauf drängen, dass Arbeitsplätze und Arbeitsabläufe möglichst barrierearm gestaltet werden. Wobei zu beobachten ist, dass auf Arbeitgeberseite die Einsicht wächst, dass Barrierefreiheit und Inklusion viel weniger nur kurzfristige Kostenposten sind, sondern Faktoren einer mittel- und langfristigen Leistungssicherung und -steigerung. So erleichtert eine barrierearme Umgebung das Arbeiten nicht nur von Kolleg*innen mit Behinderung.

Einen wichtigen Schritt mit Signalwirkung sind hier IGBCE und BAVC gegangen mit einer im September 2020 geschlossenen Sozialpartnervereinbarung »Betriebliche Teilhabe und Inklusion in der chemischen Industrie«. Dabei geht es um eine Unternehmenskultur, die

a. *das Bewusstsein für Menschen mit Behinderungen und ihre Fähigkeiten schärft und die Achtung ihrer Rechte und ihrer Würde fördert;*
b. *die Teilhabebedarfe in Arbeitsprozessen von Anfang an berücksichtigt;*
c. *die Teilhabe von Menschen mit Behinderungen am Arbeitsleben aktiv fördert und unterstützt, Barrieren abzubauen, und die Integration in Arbeitsprozesse ermöglicht;*
d. *barrierefreie Zugänge zu Aus- und Weiterbildung und zu Informationen sichert;*
e. *das eigenverantwortliche Handeln stärkt;*
f. *Ängste und Vorurteile abbaut sowie*
g. *die Barrieren in Köpfen, Gebäuden und Strukturen vermeidet und bestehende reduziert.*

Die Erfahrung zeigt, dass diese Ziele je nach Betriebsgröße sehr unterschiedlich das unternehmerische Handeln (mit-)bestimmen. Während große und international aufgestellte Unternehmen in der Regel bereits sehr weitgehend Inklusion als Managementaufgabe ernst nehmen, steht dies Thema in klein- und mittelständischen Unternehmen oft sehr weit unten oder sogar gar nicht auf der Tagesordnung. Hier liegt eine große Herausforderung, gangbare Wege aufzuzeigen.

Neun Handlungsfelder

Die Sozialpartnervereinbarung nennt hierzu neun Handlungsfelder für die Umsetzung von Inklusion, angefangen von Bewusstseinsbildung und einer inklusiven Führung und Unternehmenskultur bis hin zu einer barrierefreien Kommunikation und Information und – nicht zuletzt – Beschäftigung.

Ein Patentrezept, das für alle Unternehmen gleichermaßen gilt, wird es nicht geben. Allerdings ist darauf hinzuwirken, dass alle Unternehmen unabhängig von ihrer Größe den gesetzlichen Verpflichtungen nachkommen: beginnend bei einer Bereitstellung der für die Wahrnehmung ihrer Aufgaben erforderlichen Ressourcen (Räume, Freistellungen, Schulungen, Ausstattung) der SBV über Benennung eines beziehungsweise einer Inklusionsbeauftragten als Ansprechpartner*in für die SBV bis hin zur gemeinsamen Aushandlung einer Inklusionsvereinbarung.

Die Sozialpartnervereinbarung hat das Zeug dazu, beispielgebend auch für andere Branchen zu sein, und hierfür wird sich die IGBCE innerhalb ihres Organisationsbereiches gegenüber anderen Arbeitgeberverbänden starkmachen. Darüber hinaus ist wünschenswert, Inklusion wie auch andere soziale Standards europaweit für Unternehmen verpflichtend zu machen. Wie inklusiv und wie offen für Diversität die Arbeitswelt wie auch die Gesellschaft insgesamt ist, ist ein entscheidender Gradmesser dafür, wie demokratisch, wie human und wie nachhaltig sie sind.

Schließlich bleibt noch beim Blick über Europas Grenzen hinaus eines festzuhalten: So, wie innerhalb Deutschlands (und sicher auch anderer hochentwickelter Industrienationen) ein Gefälle besteht zwischen großen Unternehmen und klein- und mittelständischen Betrieben, so werden die Ressourcen und die Bedeutung, die Inklusion und Teilhabe zugewiesen werden (können), auch zwischen wirtschaftlich unterschiedlich entwickelten Ländern stark differieren. Das aber darf nicht davon abhalten, auch und gerade hier Lösungswege zu finden. Und da sind wiederum »unsere« international aufgestellten Unternehmen in der Verantwortung, so, wie wir als Gewerkschaft Schwestergewerkschaften in anderen Ländern dabei unterstützen werden, dieses zentrale Gerechtigkeitsthema anzugehen.

Petra Reinbold-Knape war von 2015 bis 2021 Mitglied des geschäftsführenden Hauptvorstands der IGBCE. Zuvor arbeitete sie unter anderem als Gewerkschaftssekretärin der IG Chemie-Papier-Keramik in Hessen und Nordrhein-Westfalen, war bis 2007 Bezirksleiterin der IGBCE in den Bezirken Hamm und Recklinghausen sowie von 2007 bis 2015 Leiterin des Landesbezirks Nordost der IGBCE.

Ziel 11:
Nachhaltige Städte und Gemeinden

Städte und Siedlungen inklusiv, sicher, widerstandsfähig und nachhaltig gestalten

Städte und Gemeinden brauchen eine zukunfts- weisende Flächenpolitik

Peter Adrian
Präsident des Deutschen Industrie-
und Handelskammertages

Die Nachhaltigkeit in ihren drei Dimensionen – wirtschaftlich, ökologisch und sozial – ist ein wichtiges Leitbild für die Politik in Deutschland und weltweit. Auch für die Unternehmen sind diese Ziele zentrale Orientierungsgrößen. Wichtig ist allerdings, dass neben der Umwelt- und Sozialperspektive auch die Dimension der Betriebe ausreichend berücksichtigt wird. Denn der Einsatz für soziale und ökologische Ziele gelingt nachweislich im Umfeld einer tragfähigen Wirtschaftsstruktur besser als ohne funktionierende Wirtschaft.

Gerade in Deutschland mit seiner spezifischen Unternehmensstruktur ist wirtschaftliche Nachhaltigkeit als ein auf Dauer ausgerichtetes Handeln stark verwurzelt. Die spezifischen Nachhaltigkeitsziele – die Sustainable

Development Goals (SDG) – der Vereinten Nationen bilden eine wichtige Orientierung auch für die europäische und deutsche Politik – sie anzustreben ist dabei zugleich gemeinsame Aufgabe vieler Akteure in Politik, Wirtschaft und Gesellschaft. Als DIHK nehmen wir die Perspektive der Nachhaltigkeit auch vor dem Hintergrund unseres gesetzlichen Auftrags besonders ernst. Die Förderung der Idee der Ehrbaren Kaufleute ist eine traditionelle Aufgabe der IHKs und wichtiger Bestandteil des Markenkerns unserer Organisation.

Der Flächenbedarf nimmt nicht ab

Städte und Gemeinden müssen sich unter anderem mit den Herausforderungen des Klimawandels, zunehmender Ressourcenknappheit, Pandemien, dem demografischen Wandel, wachsenden Verkehrsströmen und Abfallmengen stellen. Darauf geht das SDG 11 »Nachhaltige Städte und Gemeinden – Städte und Siedlungen inklusiv, sicher, widerstandsfähig und nachhaltig gestalten« ein. Ein Ziel, das auch aus Sicht der Wirtschaft von zentraler Bedeutung ist. So ist es etwa an Standorten der deutschen Chemieindustrie, beispielsweise dem mitteldeutschen Chemiedreieck, im weltweiten Wettbewerb um Fachkräfte wichtig, dass es lebendige Städte im Umfeld gibt, in denen sich Familien wohlfühlen, Angebote wie Vereine, Sportstätten und Kultur vorhanden sind und eine persönliche Weiterentwicklung möglich ist.

Ein nachhaltiger Umgang mit der Ressource Fläche ist ein wesentlicher Bestandteil einer zukunftsweisenden Boden- und Flächenpolitik. Gewerbe, Industrie und Wohnen benötigen die knapp werdenden Flächen für ihre Entwicklung. Fachkräfte brauchen bezahlbaren Wohnraum, insbesondere in urbanen Bereichen ist dieser rar und wirkt sich somit auf die Verfügbarkeit von Fachkräften für Unternehmen aus. Parallel bedarf es aber auch Maßnahmen zur Sicherung und Schaffung von Flächen für Gewerbe- und Industrieunternehmen.

Eine nachhaltige Brachflächenpolitik darf eben nicht nur Büro- und Wohnnutzungen in den Blick nehmen. Für Brach- und Konversionsflächen müssen durchdachte Nutzungskonzepte her, die direkt nach Freiwerden der Areale umgesetzt werden können. Maßnahmen zur Eindämmung des Flächenverbrauchs dürfen wirtschaftliche Entwicklung nicht hemmen. Gerade wachsende, bereits dicht besiedelte Ballungsräume sind auf Kooperationen mit ihrem Umland angewiesen. Darüber hinaus gibt es aber viele weitere Ansatzpunkte wie den Vorrang kreativer Lösungen beim Flächenausgleich oder die Novellierung der technischen Anleitung zum Schutz gegen Lärm, die zur Lösung von Konflikten zwischen Lärmschutz und heranrückender Wohnbebauung beitragen und somit Flächenknappheit reduzieren kann.

Schneller planen und genehmigen

Daneben sind schnelle und rechtssichere Plan- und Genehmigungsverfahren für Infrastrukturvorhaben, Gewerbe- und Industrieansiedlungen sowie für Industrieanlagen nicht nur ein entscheidender Faktor für die

Wettbewerbsfähigkeit des Wirtschaftsstandortes Deutschland. Sie sind auch mit Blick auf die anstehenden Investitionen der Wirtschaft in Klimaschutz und Maßnahmen für mehr Nachhaltigkeit notwendig, um Veränderungen überhaupt in einem angemessenen Zeitrahmen vornehmen zu können. Dementsprechend gilt es, Planverfahren deutlich zu straffen, zu vereinheitlichen, zu digitalisieren und die Öffentlichkeit von Anfang an miteinzubeziehen und möglichen Konflikten durch einen frühzeitigen und kontinuierlichen Dialog zu begegnen.

Auch die Infrastruktur muss mit den gewachsenen Ansprüchen an Nachhaltigkeit mithalten. Jedoch beeinträchtigen Fahrverbote oder Einschränkungen des Individual- und gewerblichen Verkehrs die Erreichbarkeit vieler Unternehmen etwa in Innenstädten. Es ist richtig, dass die Politik Maßnahmen ergreift, Belastungen in Städten zu minimieren, aber nur solche, die die Mobilität insgesamt nachhaltiger ausrichten. So sollte sie verstärkt auf Technologien zur intelligenten Verkehrslenkung und -steuerung setzen, Angebote für die Vernetzung und bessere Auslastung der verschiedenen Verkehrsträger machen sowie Mobilitätsmanagement und Parkraumbewirtschaftung intensivieren. Die Einrichtung von Ladezonen ermöglicht Effizienzsteigerungen im Lieferverkehr und trägt dazu bei, Behinderungen anderer Verkehrsteilnehmer zu vermeiden. Durch die Bereitstellung von Flächen für die Errichtung von City-Hubs und durch die Unterstützung des Einsatzes von Lastenrädern und elektrischen Kleinstfahrzeugen könnten Lieferverkehre in Innenstädten umweltfreundlicher abgewickelt werden.

Zusätzlich benötigt der ÖPNV eine verlässliche Finanzierung für ein attraktives, klimafreundliches Angebot, aber auch eine effiziente Mittelverwendung. In Smart Cities und Smart Regions werden auf der Basis von Informations- und Kommunikationstechnologien die Energiegewinnung und -nutzung mit Gebäude- und Verkehrsinfrastrukturen vernetzt, um erforderliche Effizienzsteigerungen zu ermöglichen. Deshalb kann ein Gesamtverkehrsmanagementkonzept, welches die Basis für einen reibungslosen Umstieg zwischen den verschiedenen Mobilitätsangeboten und eine funktionierende Innenstadtlogistik legt, dazu beitragen, die Attraktivität von Städten und Gemeinden für die Wirtschaft zu erhalten, lebenswerte Wohnräume in der Stadt zu gestalten und zur Nachhaltigkeit beizutragen.

Peter Adrian ist seit März 2021 Präsident des Deutschen Industrie- und Handelskammertages. Nach einer Banklehre und einem Studium der Volkswirtschaftslehre arbeitete er im Immobilienbereich und gründete 1989 die TRIWO AG in Trier mit heute 34 Tochtergesellschaften in den Bereichen Industrie- und Gewerbeparks, Kfz-Testcenter und Sonderflughäfen. Über sein Engagement in der IHK Trier kam er 2006 in den Vorstand des DIHK.

Von nachhaltiger Stadt-entwicklung und cringer Wurstwerbung

Burkhard Drescher
Geschäftsführer der Innovation City
Management GmbH in Bottrop

»Cringe« ist das Jugendwort 2021. »Nachhaltigkeit«, so scheint es, das Lieblingswort von Politik und Wirtschaft. So oft wie nie zuvor ist die Rede von: nachhaltigem Handeln, nachhaltigen Finanzmärkten, einer nachhaltigen Nutzung, Gewinnung oder Entwicklung von x, y oder z. Selbst die Billigwurst im Supermarkt wirbt damit, irgendwo in den Untiefen ihrer Bestandteile etwas Nachhaltiges in sich zu haben, was tatsächlich nur eins ist: cringe. Nachhaltigkeit dient zu oft als Modebegriff, dabei steckt viel mehr dahinter. 17 Ziele für nachhaltige Entwicklung haben die Vereinten Nationen definiert. Eins davon: umgehend Maßnahmen zur Bekämpfung des Klimawandels und seiner Auswirkungen ergreifen. Umgehend, denn uns bleibt nicht mehr viel Zeit, um die Ziele des Pariser Abkommens zum Klimaschutz noch erreichen zu können. Nur wenn wir jetzt drastisch unsere CO_2-Emissionen reduzieren, können wir die Erde vor der endgültigen Klimakrise schützen. Die globale Erwärmung schreitet immer weiter voran, doch die Politik hat dem bislang wenig entgegenzusetzen.

Was können wir jetzt noch tun, um diese bedrohlichen Entwicklungen doch noch aufzuhalten? Die Antwort liegt in einer Klimawende von unten: Städte sind einer der Hauptemittenten von schädlichen Klimagasen. Wir müssen unsere Städte nachhaltig weiterentwickeln, erneuerbare Energien ausbauen und den Klimaschutz im Gebäudesektor weiter voranzutreiben. Auch dieses Ziel formulieren die Vereinten Nationen mit der »nachhaltigen Entwicklung von Städten und Gemeinden«.

Nachhaltigkeit greif- und finanzierbar machen

Genau diese beiden Aspekte – Klimaschutz und Stadtentwicklung – vereinen wir bei Innovation City Management (ICM) in unseren Konzepten zur Quartiersentwicklung im Kampf gegen die Klimakrise. Wir bei der ICM packen die Energie- und Klimawende von unten an, rütteln Kommunen wach, machen Nachhaltigkeit greif- und finanzierbar und unterstützen aktiv bei der Verbesserung des Klimas der Städte, Gemeinden und Quartiere. Klima, in Bezug auf die Energiewende und Klimaschutz von unten. Klima, in Bezug auf das soziale Umfeld der Menschen vor Ort.

Wir sind, Stand Anfang 2022, in über 30 Städten in NRW und darüber hinaus tätig, unterstützen Kommunen auf ihrem Weg zur Klimaneutralität und haben neben Aufträgen in Berlin und Frankfurt auch einen ersten internationalen Auftrag aus Luxemburg. Das ist gut, aber das ist uns nicht genug! Mit unserer Expertise können wir bundesweit unterstützen und solche Lösungen finden und vor allem umsetzen, von denen die Umwelt, die Wirtschaft und die Bevölkerung gleichermaßen profitieren.

Dass die ICM mit nachhaltigen Konzepten Klimaschutz nicht nur finanzierbar, sondern auch für alle Seiten profitabel macht, haben wir mit unserem Modellprojekt #innovationcitybottrop bewiesen: Wir haben aus der Kohlestadt Bottrop mitten im Ruhrgebiet eine »grüne City«, ein Musterbeispiel für Energieeffizienz, gemacht. Innerhalb von zehn Jahren haben wir die Treibhausgasemission der Stadt um die Hälfte reduziert, erneuerbare Energien deutlich ausgebaut und Gebäudemodernisierungen in großem Stil umgesetzt. Bottrop ist jetzt die Großstadt in NRW mit der höchsten Photovoltaikdichte und Spitzenreiter im Bereich regenerativer Energie bei Wärme. Unsere nachhaltigen Erfolge hat das Wuppertal Institut für Klima, Umwelt, Energie wissenschaftlich bestätigt.

Die Klimawende im Gebäudesektor ist nur gemeinsam zu bewältigen. Politik, Verwaltung, Wohnungsbauunternehmen müssen an einen Tisch. Entscheidend ist aber besonders, die Bewohner:innen mit ins Boot zu holen und sie aktiv an der Gestaltung ihres Quartiers zu beteiligen. Das ist in

Bottrop gelungen: Unter stetiger Einbindung und ohne größere Kosten-steigerung für beide Seiten wurde eine maximale Aufwertung der Viertel hinsichtlich der Aufenthaltsqualität und der Energieeffizienz erreicht. Das ist Nachhaltigkeit for future.

Klimagerechter Stadtumbau ist eine Kernaufgabe unserer Zeit. Das Ziel der Klimaneutralität steht mittelfristig für alle Kommunen im Fokus und wird abhängig von ihrer Struktur und Größe eine enorme Herausforde-rung. In Bottrop und vielen weiteren Kommunen haben wir bewiesen, dass eine Energie- und Klimawende von unten gemeinsam möglich ist: Was eine ehemalige Kohleregion geschafft hat, schaffen andere Regionen mit Leichtigkeit!

Burkhard Drescher ist seit Oktober 2011 Geschäftsführer der Innovation City Management GmbH in Bottrop. Die Gesellschaft steht inzwischen in ganz Deutschland für das Thema nach-haltige und klimagerechte Quartiersentwicklung. Nach einer kommunalpolitischen Karriere – zuletzt als Oberbürgermeister von Oberhausen – wechselte er 2004 in die Immobilienwirt-schaft. Er arbeitet seit 2009 auch als selbstständiger Unterneh-mensberater. Seit 2014 gehört er auch dem Aufsichtsrat der Vonovia an.

Langfristig planen, dynamisch handeln: So werden unsere Städte nachhaltig

Andrea Lindlohr
Staatssekretärin im Ministerium für
Landesentwicklung und Wohnen in
Baden-Württemberg

Wo und wie wir leben und wohnen, prägt uns. Es prägt unsere individuellen Chancen auf ein selbstbestimmtes Leben, es prägt unsere Teilhabe
an der Gesellschaft, unseren Ressourcenverbrauch, unseren Anteil an
und unser Erleben der Klimakrise.

Bei der Verwirklichung der Sustainable Development Goals (SDG) der Vereinten Nationen spielen unsere Städte und Gemeinden darum eine entscheidende Rolle. Als Orte baulicher, kultureller und sozialer Verdichtung leisten sie einen gewichtigen Beitrag bei der Transformation zu »einer gerechten, grünen und produktiven Gesellschaft«, wie es in der Präambel zur »Neuen Leipzig-Charta« beschrieben ist. Der Landespolitik kommt durch die enge Beziehung zu den Kommunen dabei eine wichtige Aufgabe zu.

Dynamische Städte brauchen langfristige Planung

Langfristigkeit ist ein Schlüsselbegriff für die Nachhaltigkeit unserer Städte und Gemeinden. Das klingt zunächst paradox, denn die Klimakrise, soziale Umbrüche und auch die Pandemie sind dynamische Schocks. Aber nur mit einer langfristigen Entwicklungsplanung können wir die Städte und Gemeinden für dynamische Veränderungen aufstellen.

Zum Beispiel beim Thema Flächenverbrauch: Innenentwicklung vor Außenentwicklung – dieses Prinzip hat in Deutschland gesetzlichen Rang. Es erledigt sich aber nicht von alleine. Es braucht einen Plan, um zügig alle Potenziale im Innenbereich zu finden und zu nutzen, sei es auf brachliegenden oder untergenutzten Flächen oder um vorhandene Gebäude umzunutzen.

Das treiben wir in Baden-Württemberg gezielt voran. Die Städtebauförderung, das große Gemeinschaftsinstrument von Bund, Ländern und Kommunen, können wir gezielt für das Flächensparen und die Nachverdichtung einsetzen. So sind zum Beispiel auch Dachgeschossaufstockungen für mehr Wohnraum in Baden-Württemberg förderfähig. Wohninnovationen in Lücken fördern wir mit der Patenschaft Innovativ Wohnen. Und dass die Gemeinden in Baden-Württemberg ab 2025 mit der Grundsteuer C einen gesonderten Hebesatz für baureife, unbebaute Grundstücke erheben können, wird zum Ziel beitragen.

Das Ziel – das kennen wir alle: eine »Stadt der kurzen Wege« mit gemischten Nutzungen, intelligenten Mobilitätskonzepten und qualitativ hochwertigen öffentlichen Räumen.

In Zentren leben und leben lassen

Städte und Gemeinden werden von ihren Zentren geprägt. Die Pandemie hat den Umbruch gerade im stationären Handel beschleunigt. Jetzt ist die Zeit, um das Wohnen in unseren Zentren zu stärken, um den Handel bei hybriden Konzepten zu unterstützen und um neuen Arbeitsformen, Gründerinnen und Gründern und der Kultur Raum zu geben. Und um die öffentlichen Räume aufzuwerten. Sie brauchen Schatten und Wasser, damit wir sie zukünftig noch nutzen können. Sie haben eine soziale und eine zutiefst demokratische Funktion. Wir brauchen sie als Aufenthalts- und Begegnungsraum, auch als Kundgebungsraum für alle Bevölkerungsgruppen – für inklusive, sichere, widerstandsfähige und nachhaltige Städte im Sinne der SDG.

Die Mischung macht's – auch beim Wohnen

Wo es viele und gute Arbeitsplätze gibt, da wird das Wohnen teuer – weltweit. Die öffentliche Hand muss dafür sorgen, dass die Mischung stimmt – eine Stadt ohne Erzieherinnen, Krankenpfleger oder Alleinerziehende ist keine (nachhaltige) Stadt.

Die Wohnraumförderung steht deshalb zu Recht bei Bund und Ländern wieder im Fokus. Mit der Wohnraumförderung machen wir als Land ein wichtiges Angebot für mehr sozial gebundenen Wohnraum. Wir entwickeln sie weiter, steigern die Attraktivität und bauen die Langfristigkeit aus. Und der Grundstücksfonds Baden-Württemberg als bisher bundesweit einmaliges Zwischenerwerbsmodell ermöglicht den Kommunen, Flächen für das Wohnen zu sichern. Wir verhelfen ihnen damit beim Einstieg oder zur Wiederbelebung einer aktiven Bodenpolitik.

Klimaschutz braucht Bauwende

Stolze 28 Prozent aller CO_2-Emissionen in Deutschland, so der Schätzwert der Bundesregierung, werden durch Gebäude verursacht, wenn man das Errichten der Gebäude inklusive Baustoffe und ihren Betrieb inklusive Wärme und Strom gemeinsam betrachtet.

Gebäude haben eine lange Nutzungsdauer. Wir müssen ihren gesamten Lebenszyklus betrachten und eine Kreislaufwirtschaft in Gang bringen. Dies bedeutet, dass Gebäude nach ihrer Nutzungsdauer nicht als Sondermüll auf der Deponie enden dürfen, sondern dass diese dekomponiert und wiederverwertet werden können. Es ist eine Aufgabe für Planerinnen und Planer, aber auch für die Industrie, recycelbare Bauteile beziehungsweise Baustoffe auf den Markt zu bringen sowie Recyclingprozesse aufzusetzen. Die Digitalisierung kann hierzu einen Beitrag leisten. Und es ist Aufgabe der Politik, unser Bauordnungsrecht so umzugestalten, dass recycelte Stoffe wieder Produkteigenschaft erlangen können.

Mehr Chancen für das Holz als nachwachsendem Baustoff – auch das haben wir uns mit einem entschlackten Bauordnungsrecht und der Holzbauoffensive in Baden-Württemberg auf die Fahne geschrieben. Neben hervorragenden Eigenschaften bei der Tragfähigkeit und Wärmedämmung eignet sich Holz auch ideal, um den Gebäudebestand aufzustocken und so Neubau zu vermeiden. Auch die IBA'27 Stadtregion Stuttgart als wichtiges Instrument der Stadtentwicklung in Baden-Württemberg adressiert diese Themen in ihren Projekten.

Ressourcen schonen heißt allerdings auch: Umnutzung geht vor Abriss! Der Abriss von bestehenden Gebäuden darf nicht mehr die erste Option sein.

Wir können die Vision aus der Neuen Leipzig-Charta in unseren Städten und Gemeinden umsetzen. Wir alle – von der Stadtbaumeisterin über den Handels- und Gewerbeverein, über die Beschäftigten und Unternehmen, über die Kulturschaffenden bis zur Landespolitik und der Industrie – wissen, wie das geht. Denn mit dem Konzept der Europäischen Stadt, die zusammenführt und wertvolle Ressourcen effizient nutzt, ist dieses Leitbild tief kulturell in uns verankert. Transparente, partizipative Prozesse machen dabei Lust, den Wandel vor Ort zu gestalten: greifbar, inklusiv und gemeinschaftsstiftend.

Andrea Lindlohr ist seit Mai 2021 Staatssekretärin im Ministerium für Landesentwicklung und Wohnen in Baden-Württemberg. Nach acht Jahren als Parlamentarische Beraterin der Fraktion Bündnis 90/Die Grünen für die Bereiche Wirtschaft, Bauen und Wohnen, Arbeit und Energie kandidierte sie 2011 erfolgreich für den Landtag. Bis 2021 war sie stellvertretende Vorsitzende ihrer Fraktion und zuletzt auch Vorsitzende des Arbeitskreises Wirtschaft, Arbeit und Wohnen und wirtschaftspolitische Sprecherin ihrer Fraktion. Außerdem leitete sie die Projektgruppe Digitalisierung.

Ziel 12: Nachhaltige/r Konsum und Produktion

Nachhaltige Konsum- und
Produktionsmuster sicherstellen

Kreislaufwirtschaft als einigende Vision:
für nachhaltige Konsum- und Produktionsmuster

Dr. Markus Steilemann
Vorstandsvorsitzender der Covestro AG

Der 22. August 2021 war ein Samstag, viele hatten frei und konnten strahlendes Spätsommerwetter genießen. Für mich war das Datum leider auch mit düsteren Wolken verbunden. Denn es markiert, wie es um Natur und Umwelt steht: nicht gut. Am 22. August war der »Earth Overshoot Day«. Der Tag, an dem die Menschheit wieder einmal viel zu früh alle natürlichen Ressourcen aufgebraucht hatte, die unser Planet innerhalb eines Jahres wiederherstellen kann.

Ein halbes Jahrhundert leben wir jetzt schon über unsere Verhältnisse. Borgen uns immer mehr Öl, Kohle, Wasser, Holz, Erze von der Erde, unserem geduldigen Gläubiger. Seit 1970 hat sich der globale Ressourcenverbrauch mehr als verdreifacht. Und auch der Zins wird immer größer. Wir zahlen für unseren Lebensstil mit Artensterben, Abfallbergen, Klimaveränderungen. In diesem Jahr werden die menschengemachten CO_2-Emissionen, nach einem leichten Coronaknick, voraussichtlich weiter zunehmen, um 1,5 Milliarden Tonnen – der zweitgrößte Anstieg, seit wir Messungen vornehmen.

Nachhaltigkeit ist Zeitgeist

Schon lange ist klar, dass es so nicht weitergeht. Doch viel zu lange haben sich Konferenzen, Manifeste und Appelle aneinandergereiht, ohne dass es zu einschneidenden Veränderungen gekommen ist. Inzwischen hat der notleidende Gläubiger Erde aber den Zeitgeist auf seiner Seite. Nachhaltigkeit ist en vogue. Aus der unideologischen, hedonistischen Jugend vergangener Jahrzehnte ist so etwas wie eine Öko-APO geworden, nicht nur freitags. Immer mehr große und kleine Staaten, große und kleine Unternehmen setzen sich anspruchsvolle Klimaziele. Immer mehr Anleger sind auf grüne Investments aus. Auch die Technik spielt mit. Erneuerbare Energie ist quasi wettbewerbsfähig und wird dieses Jahr wohl 30 Prozent der Stromerzeugung ausmachen. Kühne Nachhaltigkeitsszenarien für zentrale Lebensbereiche wie Mobilität, Bauen, Gesundheit und Ernährung müssen keine Utopien bleiben.

Doch Technologie, Absichten und Engagement sind es nicht allein. Wir brauchen auch ein ideelles Koordinatensystem dafür. Einen gemeinsamen Fluchtpunkt, auf den unser Denken und Handeln zuläuft. Eine einigende Vision, die uns mitreißt und motiviert – jeden Einzelnen, die Gesellschaft als Ganzes, die Politik, die Wirtschaft. Das ist für mich das Konzept der Kreislaufwirtschaft. Zirkularität heißt: Güter öfter und länger nutzen. Sie so herstellen, dass sie gut repariert und wiederverwertet werden können. Überhaupt viel mehr recyceln – des einen Abfall ist des anderen Rohstoff.

Nur so kann sich von Grund auf etwas ändern. Ich bin überzeugt: Mit konsequenter Kreislaufführung wird es uns gelingen, wirklich nachhaltige neue Konsummuster und ebensolche Produktionsweisen einzuführen und damit eine Kettenreaktion in Gang zu setzen, die nachhaltige Lösungen für viele der globalen Herausforderungen ermöglicht. Es geht darum, Hunger und Armut zu bekämpfen, bezahlbare und saubere Energie bereitzustellen, die Wohnverhältnisse der Menschen zu verbessern – praktisch überall, wo es um die SDG geht, bildet die Kreislaufwirtschaft das Fundament.

Chemie als Kreislaufwirtschaft

Die Chemie- und Kunststoffindustrie ist dabei ein wichtiger Partner. Sie stellt unzählige Produkte und Lösungen bereit, die es braucht, um die erschöpfte Erde aufzufangen und auf ihr ein besseres Leben zu führen. Sie sieht sich aber auch vor der Herkulesaufgabe, selbst viel umweltverträglicher zu produzieren. Derzeit steht der Sektor für sieben Prozent aller

Treibhausgasemissionen. Das muss sich ändern. Klimaneutralität darf und soll auch in unserer Branche keine Kopfgeburt bleiben.

Dazu muss auch in der Chemie die Kreislaufwirtschaft zum Leitprinzip werden. Den wichtigsten Hebel bilden die Rohstoffe, die größte CO_2-Quelle unserer Industrie. Wir müssen aufhören, klimaschädliche fossile Ressourcen zu nutzen, wie wir es seit Jahrzehnten gewöhnt sind. Das Ölzeitalter geht zu Ende, in der Chemieindustrie wie in vielen anderen Bereichen. Es gilt, Kohlenstoff im Kreis zu führen, anstatt ihn zu verbrennen. Die Möglichkeiten dazu haben wir: Biomasse und Plastikmüll sind als Kohlenstofflieferanten vielversprechende Alternativen zum Erdöl. Hinzu kommt CO_2, dessen Klimakiller-Image durch eine Karriere als nützlicher Rohstoff aufgewogen werden könnte.

Unsere Branche steht also vor einer regelrechten Rohstoffwende; gepaart mit der konsequenten Umstellung auf klimafreundliche Energie aus erneuerbaren Quellen. Ein Riesenprojekt, ein gigantischer Umbau. Immense Summen müssen in die Hand genommen werden, mutige Entscheidungen sind zu treffen, Ingenieurskunst auf höchstem Niveau ist gefragt. Wir brauchen einen langen Atem und unerschütterlichen Optimismus. Wir brauchen die Solidarität aller Branchen und den Rückhalt der Bürgerinnen und Bürger.

Und wir brauchen für diesen Umbau richtig gute politische Rahmenbedingungen, zum Beispiel die Aussicht auf sehr viel günstige grüne Energie. Wir müssen wissen, woran wir sind, worauf wir zählen können. Denn es geht um eine epochale Richtungsentscheidung, mit Zukunftsinvestitionen, die keinen Aufschub dulden. Die Chemie- und Kunststoffindustrie ist entschlossen, diesen Weg einzuschlagen. Sie kann und sie will zum Vorreiter der Zirkularität werden.

Wenn die Wirtschaft wirklich umweltverträglich produzieren soll, wenn die Gesellschaft zu einem wahrlich nachhaltigen Lebensstil finden will, dann müssen wir dieses große Projekt Kreislaufwirtschaft beherzt angehen, gemeinsam. Dann haben wir die Chance, dem Klimawandel Einhalt zu gebieten und Wohlstand zu schaffen, der nicht auf immer höherem Ressourcenverbrauch gründet. Ich baue jedenfalls darauf, dass der Earth Overshoot Day bald weit nach hinten wandert.

Dr. Markus Steilemann ist seit 2018 Vorstandsvorsitzender der Covestro AG. 1999 begann er seine berufliche Karriere beim Bayer-Konzern. Ab 2008 bekleidete er Führungspositionen im Geschäftsbereich Polycarbonates von Bayer MaterialScience, der Vorgängerorganisation von Covestro. 2015 wurde er Mitglied des Vorstands von Covestro mit Verantwortung für den Bereich Innovation. Im folgenden Jahr kam die Führung des Geschäftsbereichs Polyurethanes hinzu. 2017 übernahm er als Chief Commercial Officer (CCO) die Verantwortung für alle drei Segmente des Unternehmens inklusive Innovation, Marketing und Vertrieb. Steilemann wird den VCI ab Herbst 2022 für zwei Jahre als Präsident führen.

Nachhaltiger Konsum benötigt nachhaltige Produktions- strukturen

Dr. Kajsa Borgnäs
Geschäftsführerin der Stiftung
Arbeit und Umwelt der IGBCE
(2017 – 2022)

Die Weltbevölkerung, vor allem in den entwickelten Industriegesellschaften, konsumiert mehr Ressourcen, als die Ökosysteme dauerhaft
bereitstellen können. Damit die soziale und wirtschaftliche Entwicklung
die Tragfähigkeit des Ökosystems nicht überschreitet, muss die Art und
Weise, wie unsere Gesellschaft Güter produziert und konsumiert, grundlegend verändert werden.

Diese Debatte ist mindestens 50 Jahre alt. Bereits 1972 argumentierte der Club of Rome in seinem Bericht »The Limits to Growth«, dass eine katastrophale Entwicklung des Klimawandels nur durch geringeres wirtschaftliches Wachstum aufzuhalten sei. Seitdem ist die Debatte um Produktions- und Wohlstandswachstum einerseits und Konsumverzicht andererseits immer intensiver geworden. Klima- und wachstumskritische Bewegungen fordern häufig radikale Konsumveränderungen und Konsumverzicht, um den ärmeren Ländern mehr Konsum zu ermöglichen, ohne die planetaren Grenzen zu überschreiten. Aus dieser Perspektive ist nachhaltiger Konsum ein Nullsummenspiel: Des einen Gewinn ist des anderen Verlust.

Auf den ersten Blick mag ein fundamentales Spannungsverhältnis zwischen weniger Ressourcenverbrauch und dem Wirtschaftswachstum bestehen. Aber ist das tatsächlich so? Wird Nachhaltigkeit durch Verzicht und »de-growth« erreicht oder durch intensivierte Produktion und Produktentwicklung? Ermöglicht radikaler Verzicht einen nachhaltigen Verbrauch in den Entwicklungsregionen sowie auch für zukünftige Generationen? Oder brauchen wir eine Beschleunigung der produktiven Kräfte, um insgesamt weniger Ressourcen verbrauchen zu können?

Rohstofffußabdruck reduzieren

An diesem Spannungsverhältnis setzen die Sustainable Development Goals (SDG) der Vereinten Nationen an. In Nummer 12 der SDG, »Nachhaltige Konsum- und Produktionsmuster sicherstellen«, wurde das Ziel formuliert, die nachhaltige Bewirtschaftung und effiziente Nutzung der natürlichen Ressourcen bis 2030 zu erreichen. Vor allem die entwickelten Industriestaaten sind dazu aufgerufen, ihren Rohstofffußabdruck zu reduzieren.

Was heißt das konkret? Ein paar Zahlen: Global gesehen verbraucht ein Mensch im Durchschnitt 58 Kilowattstunden (kWh) Primärenergie pro Tag. Auf einen Menschen in Indien entfallen 19, auf einen Menschen aus den OECD-Staaten dagegen 150 KWh pro Tag – fast achtmal so viel. Würden alle Menschen weltweit so viel wie die Hochenergiegesellschaften verbrauchen, bräuchten wir die Ressourcen von 2,8 Erden.

Einige Beispiele: Heute benötigen wir pro Jahr 1,87 Milliarden Tonnen Stahl, im Durchschnitt 242 Kilo pro Person und Jahr. Wir verbrauchen in einem Jahr so viel Zement wie in der gesamten ersten Hälfte des 20. Jahrhunderts, etwa zehn Milliarden Tonnen. Vom zentralen Chemievorprodukt Ammoniak werden inzwischen 240 Millionen Tonnen jährlich synthetisiert.

Die drei Produktgruppen Stahl, Zement und Chemie gehören zur Grundstoffindustrie. Für ihre Herstellung sind hohe Verarbeitungstemperaturen und damit sehr energieintensive Produktionsprozesse notwendig. Allein die Stahlproduktion macht sieben Prozent des gesamten weltweiten Energieverbrauchs aus. Der Verbrauch der Zementindustrie liegt bei acht Prozent. Mit der aktuell verwendeten Technologie ist die Produktion dieser Grundstoffindustrien sehr emissionsintensiv.

Es ist verlockend, daraus den Schluss zu ziehen, dass wir in einer nachhaltigen, global gerechteren Zukunft weniger von diesen energie- und emissionsintensiven Gütern konsumieren müssen. Doch er ist nur bedingt richtig. Denn auch mit einem weniger verschwenderischen Lebensstil müssen bald zehn Milliarden Menschen leben, essen, reisen und sich waschen können. Ein alltägliches Leben ohne Produkte aus Stahl, Zement, Chemie, Kupfer, Glas, Papier, Kunststoffen und zahlreichen anderen Industriebranchen ist kaum denkbar.

Ein sorgfältigerer Umgang mit Produkten, Rohstoffen, Energie und unserem eigenen Konsum ist notwendig. Doch Veränderungen des Lebensstils haben häufig überraschend geringe Auswirkungen auf unsere Emissionen. Forschungsprojekte, beispielsweise »KLIB – Klimaneutral wohnen in Berlin«, haben gezeigt, dass ein Leben ohne die Produkte aus den Sektoren Strom, Heizung, Verkehr und Industrie extrem schwierig ist. Es ist Individuen nur bedingt möglich, ihre ökologischen Fußabdrücke durch Konsumverzicht zu reduzieren, solange die fundamentalen Produkte auf emissionsintensiven Technologien und Verfahren beruhen. Ein nachhaltiger Wohlstand und ein weniger verschwenderisches Verbrauchsmuster sind nur mit höherer Energie- und Materialeffizienz in allen Produktions- und Verbrauchsstufen möglich. Die Intensivierung der Innovations- und Produktionsprozesse hin zu klimaneutralen und rohstoffschonenden Verfahren ist somit eine notwendige Voraussetzung für verantwortungsvolles individuelles Handeln.

Alle Kräfte bündeln

Um diesen Spagat zu realisieren, ist eine Vielzahl von politischen Maßnahmen notwendig. Ganz zentral ist es, die produktiven Kräfte von Unternehmen, Wissenschaft, Staat und Zivilgesellschaft zu bündeln und den Fokus auf die schnelle Entwicklung von emissionsmindernden und rohstoffschonenden Technologien zu richten. Es braucht neue Förderstrukturen, um Investitionen in emissionsarme Verfahren anzureizen, unter anderem in Form von sogenannten Contracts for Difference. Energiesteuern und Strompreise müssen so umgestaltet werden, dass erneuerbarer Strom zur wichtigsten Energiequelle von Gesellschaft, Verkehr und Industrie werden kann. Durch Quoten können Märkte für nachhaltige Produkte geschaffen werden. Neben einem verlässlichen Carbon-Leakage-Schutz brauchen wir stärkere Maßnahmen, um Entwicklungsländer in ihrem wissenschaftlichen und technologischen Übergang zu nachhaltigeren Konsum- und Produktionsmustern zu unterstützen. Und die Kosten der Transformation müssen gerecht verteilt werden, um den nachhaltigen Konsum und nachhaltigen Wohlstand für alle zu ermöglichen.

Das Spannungsverhältnis von Nachhaltigkeit und Ressourcenschonung auf der einen und Wirtschaftswachstum auf der anderen Seite löst sich somit ein Stück weit auf, sofern erfolgreich die technologischen und finanziellen Grundlagen für die Klimaneutralität im Industriesektor gelegt werden. Das bedeutet auch: Die Nachhaltigkeit von Konsum und

Produktion ist am Ende des Tages nur begrenzt eine Frage des individuellen Willens. Vielmehr ist sie eine kollektive, gesamtgesellschaftliche Herausforderung – eine Herausforderung des Staates und auch der Demokratie.

Dr. Kajsa Borgnäs war von 2017 bis 2022 Geschäftsführerin der Stiftung Arbeit und Umwelt der IGBCE. Zwischen 2007 und 2010 war sie Vorsitzende des nationalen Studentenvereins der schwedischen Sozialdemokraten; danach arbeitete sie als Forscherin und Projektleiterin im gewerkschaftsnahen Thinktank »Arbetarrörelsens Tankesmedja« (Stockholm). Sie ist Mitglied des Aufsichtsrates der Essity GmbH und der Executive der IndustriAll Europe.

Der Mensch als Nützling: zukunftsfähig wirtschaften mit »Cradle to Cradle«

Nora Sophie Griefahn
Co-Gründerin und geschäftsführende
Vorständin von Cradle to Cradle NGO

Unser Ressourcenverbrauch ist höher denn je. Jahr für Jahr rückt der Earth Overshoot Day näher Richtung Jahresbeginn. Dieser Erdüberlastungstag markiert das Datum, ab dem die Menschheit mehr Ressourcen verbraucht, als die Erde innerhalb eines Jahres wiederherstellen kann. Selbst das Coronajahr 2020 hat diesen Tag nur um 24 Tage nach hinten verschoben.

Der Fokus der politischen Debatte rund um Klima- und Ressourcenkrise liegt auf Reduktion und Verzicht. Doch spätestens das vergangene Jahr hat gezeigt, dass diese Strategie nicht ausreicht, um zusammenhängende Umwelt-, Klima- und Ressourcenprobleme langfristig zu lösen. Wir verlagern Probleme damit nur zeitlich nach hinten. Zudem ist der Ansatz im

Spannungsfeld zwischen zur Neige gehenden Ressourcen und der wachsenden Weltbevölkerung auf globaler Ebene nicht umsetzbar. Um wirklich zukunftsfähig zu konsumieren und zu wirtschaften, müssen wir den globalen Wohlstandszuwachs vom Verbrauch endlicher Ressourcen entkoppeln. Dafür müssen wir Strategien entwickeln, mit denen wir uns nicht länger als Schädlinge wahrnehmen, sondern einen positiven Einfluss auf Umwelt und Klima haben. Wir müssen die Dinge von Grund auf neu denken.

In Kreisläufen denken

Die Reduktion von CO_2-Emissionen ist ein richtiger Schritt, um die Sustainable Development Goals (SDG) der Vereinten Nationen (UN) zu erreichen. Im Werkzeugkasten der SDG nimmt Ziel Nr. 12 eine zentrale Rolle ein: »Nachhaltige Konsum- und Produktionsmuster sicherstellen«. Dieses UN-Ziel gilt als elementare Voraussetzung, auch andere Ziele wie den Erhalt von Ökosystemen, die Bekämpfung von Hunger und die Maßnahmen gegen den Klimawandel zu erfüllen. Um Produktion und Konsum aber langfristig zukunftsfähig zu machen, müssen wir mehr tun als unsere Schadschöpfung zu reduzieren. Wir müssen uns weitergehende Ziele stecken als das der Klimaneutralität. Es reicht schlicht nicht aus, um die Entwicklung zu drehen. Wir müssen positive Ziele definieren, unser lineares Handeln beenden und beginnen, in Kreisläufen zu denken.

Cradle to Cradle (C2C) ist eine konsequente Kreislaufwirtschaft, die in Abgrenzung zu anderen Konzepten bereits beim Design und der Materialauswahl beginnt und die den Menschen als potenziellen Nützling betrachtet. In einer C2C-Welt zirkulieren alle Ressourcen in biologischen oder technischen Kreisläufen. Materialien der Biosphäre werden in den natürlichen Kreislauf zurückgeführt, während Stoffe der Technosphäre kontinuierlich wiederverwendet werden können – so wird das Konzept Müll obsolet. Statt endliche Ressourcen zu verbrauchen, gebrauchen wir sie für ihr festgelegtes Nutzungsszenario. So werden sie wieder und wieder zum Nährstoff für neue Produkte. Voraussetzung dafür ist, dass Produkte bereits von Anfang an für Kreisläufe entwickelt werden: geeignet für ein bestimmtes Nutzungsszenario, gesund für Mensch und Natur und ohne Qualitätsverluste wiederverwertbar.

Kohlenstoff als Rohstoff

Das Ziel, CO_2-Emissionen zu senken, kann dabei nur ein Zwischenschritt sein. Langfristig müssen wir Kohlenstoff – die Grundlage der organischen Chemie – als das begreifen, was er ist: ein wichtiger Rohstoff, der in Kreisläufen geführt werden muss. Wir gehen mit Kohlenstoff heute ebenso unlogisch um wie mit anderen endlichen Ressourcen: Wir entnehmen Öl aus der Erde, produzieren daraus Produkte, die am Ende zu Müll werden, oder verbrennen es direkt. So gelangt zu viel Kohlenstoff in die Atmosphäre, wo er den Klimawandel beschleunigt. Ein linearer Prozess, schlechtes Kohlenstoffmanagement. Stattdessen sollten wir Kohlenstoff beispielsweise für die Landwirtschaft nutzen, die dadurch produktiver werden und eine steigende Zahl von Menschen auf der Welt gut versorgen könnte. Darüber hinaus müssen wir jene Technologien fördern, mit denen wir CO_2 aus der Atmosphäre zurückgewinnen und Kohlenstoff industriell einsetzen können. Dazu benötigen wir eine wissenschaftlich fundierte Strategie für Kohlenstoffmanagement, die alle Wirtschaftssektoren umfasst.

Wie auch beim Umgang mit Kohlenstoff selbst muss bei diesen Technologien die Kreislauffähigkeit eine zentrale Rolle spielen. Bei Rückgewinnung und industrieller Anwendung dürfen nur erneuerbare Energien eingesetzt werden, die in kreislauffähig hergestellten Anlagen produziert werden. Denn sonst verlagern wir auch hier ein Problem nur zeitlich nach hinten, anstatt zusammenhängende Probleme langfristig zu adressieren.

Durch Technisierung und Industrialisierung haben wir Menschen unseren Lebensstandard in den vergangenen Jahrzehnten kontinuierlich verbessert.

Diese Möglichkeit haben wir auch heute. Wir werden auf neue Technologien und C2C-Innovationen, auch für CO_2-Management, perspektivisch nicht verzichten können. Für die chemische Industrie sind sie eine große Chance, die künftige Wettbewerbsfähigkeit zu sichern und Ökonomie und Ökologie in Einklang zu bringen. Cradle to Cradle liefert als Design- und Innovationsansatz den Blueprint dafür.

Nora Sophie Griefahn ist Co-Gründerin und geschäftsführende Vorständin von Cradle to Cradle NGO. Sie studierte Umweltwissenschaften und Technischen Umweltschutz unter anderem in Lüneburg, Wien, Kopenhagen und Berlin. Um die »Cradle to Cradle Denkschule« und ihr Designkonzept in die Mitte der Gesellschaft zu tragen, gründete sie bereits während ihres Studiums 2012 den C2C e. V. mit und leitet diesen seither als Co-Geschäftsführerin. Dabei koordiniert sie dessen politische, wissenschaftliche und organisatorische Arbeit.

Ziel 13: Maßnahmen zum Klimaschutz

Umgehend Maßnahmen zur Bekämpfung des Klimawandels und seiner Auswirkungen ergreifen

Klimawandel und Kreislauf- wirtschaft

Prof. Dr. Gerald Haug
Präsident der Nationalen Akademie
der Wissenschaften Leopoldina

Die COVID-19-Pandemie scheint die durch menschliche Aktivitäten verursachten Umwelt- und Klimaauswirkungen nur vorübergehend verlangsamt zu haben. Die Kohlendioxidemissionen verdeutlichen dies besonders gut: Trotz eines starken Rückgangs zu Beginn des Jahres 2020 stiegen die globalen CO_2-Emissionen in der zweiten Jahreshälfte wieder deutlich an; über das Jahr blieb es lediglich bei einem Minus von 6,4 Prozent oder 2,3 Milliarden Tonnen[1].

Das ist zwar immer noch mehr als der dreifache Jahresausstoß Deutschlands (739 Millionen Tonnen im Jahr 2020), reicht aber bei Weitem nicht aus, um die globale Erwärmung auf deutlich unter 2 Grad Celsius gegenüber dem Niveau vor Beginn der Industrialisierung zu begrenzen. Anders gesagt: Selbst in einer bislang nicht für möglich gehaltenen Situation des wirtschaftlichen und gesellschaftlichen Stillstands – mit geschlossenen Fabriken, weniger Autos auf den Straßen und mehr Flugzeugen am Boden als in der Luft – verfehlen wir unsere Klimaziele. Wir stehen also vor einem grundsätzlichen Problem. Ein »Weiter so« kann es angesichts der dramatischen Übernutzung natürlicher Ressourcen und der globalen Klima- und Biodiversitätskrise nicht geben.

Ökologische und soziale Nachhaltigkeit, Zukunftsverträglichkeit, Resilienz
Aus diesem Grund hat sich die Leopoldina in ihrer 3. Ad-hoc-Stellungnahme zur COVID-19-Pandemie nachdrücklich für eine Wirtschaftsweise

ausgesprochen, die sich stärker als je zuvor an den Prinzipien von ökologischer und sozialer Nachhaltigkeit, Zukunftsverträglichkeit und Resilienzgewinnung orientiert.[2] Das gilt für die Transformation in Deutschland, aber auch bei der Umsetzung des Green Deal der Europäischen Union und der Nachhaltigkeitsziele der Vereinten Nationen (SDG).

Ein zentrales Element einer solchen Transformation kann der Aufbau einer nachhaltigen Kreislaufwirtschaft sein, die sowohl die Stoff- als auch die Energiekreisläufe schließt, in Verbindung mit der schnellstmöglichen Erreichung von Netto-Null-Treibhausgasemissionen. Welche Ansätze und Herausforderungen es hierbei gibt, hat die Leopoldina gemeinsam mit den Wissenschaftsakademien der G7- und G20-Staaten untersucht und gemeinsame Empfehlungen vorgelegt.[3]

Der Ausgangspunkt zum Verständnis der Kreislaufwirtschaft ist dabei so einfach wie radikal. Im Gegensatz zum derzeit vorherrschenden linearen Wegwerfmodell (»take, make, and dispose«) sind in einer Kreislaufwirtschaft ganze Produktions- und Wirtschaftssysteme in Form von geschlossenen Kreisläufen organisiert (»reduce, reuse, and recycle«). So können über die Gewinnung, die Verteilung, den Verbrauch, die Entsorgung und die Wiederverwertung natürlicher Ressourcen Energie- und Materialverluste weitestgehend ausgeschlossen werden – Müll und Emissionen entstehen erst gar nicht, denn der Abfall des einen ist gleichzeitig Rohstoff des anderen.

Wir brauchen eine Kohlenstoff-Kreislaufwirtschaft

Dies mag im Kleinen bereits gelingen, auf globaler Ebene stellen allerdings technologische Herausforderungen sowie fehlende regulatorische und wirtschaftliche Anreize eine Hürde für den schnellen Übergang zu einer Kreislaufwirtschaft dar. Diese gilt es entlang der gesamten Wertschöpfungskette abzubauen, insbesondere in Schlüsselbranchen wie der Agrarwirtschaft, dem Bauwesen, der Chemie- und Rohstoffwirtschaft, bei Dienstleistungen und im Energiesektor sowie in Industrie und Produktion. Ebenso notwendig sind Anreize für die Forschung, Entwicklung und Verwendung innovativer Technologien bei Design, Produktion und Vertrieb sowie Nutzung und Wiedereinbringen der Rohstoffe in den Stoffkreislauf. So können die Effizienz, Resilienz und Kreislaufnutzung natürlicher Ressourcen deutlich verbessert und sogar Arbeitsplätze geschaffen werden.

Zusätzlich ist die Förderung eines verantwortungsvollen und ressourcenschonenden Konsums auf Seiten der Verbraucherinnen und Verbraucher wichtig. Dieser Fortschritt in Richtung Zirkularität muss über standardisierte Indikatoren messbar sein, um gesetzte Ziele regelmäßig zu überprüfen und bei Bedarf gegensteuern zu können.

Einen wichtigen Beitrag zur Erreichung der Klimaziele kann die Etablierung einer Kohlenstoff-Kreislaufwirtschaft leisten. Weltweit werden Strom, Wärme, Treibstoff und Chemikalien noch immer überwiegend auf Basis fossiler Rohstoffe – Kohle, Gas, Erdöl – und in linearer Produktion hergestellt. Dies führt zur massiven Freisetzung von CO_2 in die Atmosphäre, der Haupttreiber für die globale Erwärmung. Wenn es in der Breite gelänge, das ausgestoßene CO_2 als Kohlenstoffquelle in einem Kreislaufsystem effektiv zu nutzen, wären wir einen ganzen Schritt weiter. Entsprechende Technologien müssen hierzu weiterentwickelt und weltweit zur Anwendung gebracht werden.

Doch nur in Kombination mit weiteren Ansätzen zur schnellen Reduzierung von Treibhausgasemissionen kann die Bekämpfung des Klimawandels gelingen. Dies erfordert einen stärkeren und weltweiten Ausbau erneuerbarer Energien mit dem Ziel einer klimaneutralen Energieversorgung und den sofortigen Einsatz von bereits verfügbaren emissionsarmen oder emissionsfreien Technologien. Ein besonders wirksamer Hebel, um die Abhängigkeit von fossilen Brennstoffen zu verringern, sind marktbasierte Ansätze wie die Einführung einer einheitlichen und sektorübergreifenden CO_2-Bepreisung. Auch bedarf es mehr Forschung und Innovation insbesondere dort, wo sich eine Dekarbonisierung bislang als besonders schwierig herausstellt. Insgesamt gibt es noch immer einen Mangel an wirtschaftlichen und regulatorischen Anreizen für einen nachhaltigen Wandel zu Netto-Null-Treibhausgasemissionen. Solche Veränderungen sind für die Erreichung der Klimaziele und der SDG aber von zentraler Bedeutung und sollten schnellstmöglich angegangen werden.

1   Tollefson, J., COVID curbed carbon emissions in 2020 – but not by much, Nature 589, 343 (2021),
     → https://doi.org/10.1038/d41586-021-00090-3

2   Coronavirus-Pandemie – Die Krise nachhaltig überwinden, 3. Ad-hoc-Stellungnahme zur Coronavirus-Pandemie der Nationalen Akademie der Wissenschaften Leopoldina (2020),
     → https://www.leopoldina.org/uploads/tx_leopublication/2020_04_13_Coronavirus-Pandemie-Die_Krise_nachhaltig_%C3%BCberwinden_final.pdf

3   Die folgenden Ausführungen basieren auf den Empfehlungen der G20-Stellungnahme »Foresight: Science for Navigating Critical Transitions« (2020) und der G7-Stellungnahme »A net zero climate-resilient future – science, technology and the solutions for change« (2021)
     → https://www.leopoldina.org/international/g7-und-g20-politikberatung/

Prof. Dr. Gerald Haug ist seit März 2020 Präsident der Nationalen Akademie der Wissenschaften Leopoldina und seit 2008 Mitglied der Academia Europaea. Er ist international renommierter Klimaforscher, Geologe und Paläo-Ozeanograf.
Haug arbeitet als Direktor am Max-Planck-Institut für Chemie in Mainz und als Professor an der Eidgenössisch-Technischen Hochschule (ETH) Zürich.

Schwierig, aber unerlässlich: Industrie und Klimaschutz

Dr. Siegfried Russwurm
Präsident des Bundesverbands der
Deutschen Industrie (BDI), Aufsichtsratschef
bei Thyssen-Krupp und der Voith-Gruppe

Die Sustainable Development Goals der Vereinten Nationen sind ein großer Wurf der Staatengemeinschaft. Denn sie fordern Lösungen für *alle* relevanten Dimensionen des menschlichen Lebens auf diesem Planeten ein und enthalten sich einer einseitigen Fokussierung. Fragen von Gesundheit, Armut, Bildung, Wachstum, Menschenrechten, Beschäftigung und Klimaschutz stehen gleichberechtigt nebeneinander.

All diese drängenden Aufgaben von Gegenwart und Zukunft sind nur durch gemeinsame Anstrengungen und technologischen Fortschritt lösbar. Die Industrie wird dafür entscheidende Beiträge liefern müssen und können. Das ist das stetig gewachsene Selbstverständnis der Unternehmen. Diskussionen über die grundsätzliche Frage, ob Klimaschutz überhaupt notwendig ist, sind nicht zielführend, unabhängig davon, welche Seite des politischen Spektrums sie führt. Viel wichtiger, aber auch herausfordernder ist die Frage, *wie* Klimaschutz, gleichzeitig mit allen anderen wichtigen SDG, erreicht werden kann.

Für eine allumfassende Veränderung
Bill Gates hat in seinem jüngsten Buch über Klimaschutz zurecht klargestellt, dass es zur Klimaneutralität keine Alternative gibt, aber dass

der Weg dahin enorm schwierig sein wird. Oder anders ausgedrückt: Die Aussage, dass Klimawandel kein Problem sei, ist ebenso falsch wie die Aussage, dass globaler Klimaschutz kein Problem sei. Wenn wir uns dieser Erkenntnis ehrlich stellen und intelligente und effiziente Wege suchen und finden, die in den SDG beschriebenen Ziele der Menschheit zu erreichen, sind wir alle – Politik, Gesellschaft und Wirtschaft – unserer Verantwortung gerecht geworden.

Klimaschutz ist in allererster Linie eine Frage von Alternativen. Alternativen zu beinahe allem, womit wir uns in den letzten Jahrhunderten Fortschritt und Wohlstand erarbeitet haben und auf die wir zurecht stolz sind. Doch wir mussten auch feststellen, dass insbesondere unser weitgehend auf Verbrennung fossiler Stoffe beruhendes Konzept der Energieversorgung langfristige Nebenwirkungen erzeugt, die alle Fortschritte und langfristig sogar die Fortexistenz der Menschheit bedrohen.

Diese Notwendigkeit zur allumfassenden Veränderung auf beinahe allen Feldern unserer Existenz meint Bill Gates, wenn er feststellt: »The world has never done anything quite this big.« Doch die Größe der Herausforderung darf uns nicht zur Verzagtheit oder Resignation führen. Sie muss uns in unserer Intelligenz, in unserer Innovationskraft, in unserer Beharrlichkeit, aber auch in unserer Bereitschaft zur globalen Kooperation herausfordern und aktivieren. Wir werden diese Herausforderungen nur bestehen, wenn Konsumenten, Unternehmen und Länder attraktive Alternativen für sich sehen, mit denen sie ihr Verhalten so verändern können, dass alle Sustainable Development Goals erreichbar werden.

Klimaschutz um den Preis von Armut und Verzicht zu erreichen erscheint mir weltweit politisch nicht durchsetzbar. Daher brauchen wir Alternativen, die das Klima schützen und den Menschen Perspektiven für Wohlstand, Beschäftigung, Freiheit und Frieden bieten. Diese Alternativen zu entwickeln und wirtschaftlich attraktiv zu machen ist aus meiner Sicht die Kernaufgabe einer intelligenten Verbindung von Klima- und Industriepolitik.

Lösungen auf industriellem Niveau

Die Lösungen existieren. Einige, wie erneuerbare Energien, bereits im industriellen Maßstab. Andere, wie Wasserstofftechnologien, wachsen gerade erst aus dem Stadium des Reallabors heraus. Doch wir müssen nichts gänzlich neu entdecken, um unsere Ziele zu erreichen. Wir müssen das, was wir bereits kennen, auf ein möglichst globales industrielles Level heben und zu einem effizienten System verknüpfen. Im Mittelpunkt steht die Kombination eines klimaneutralen Energiesystems mit einem System des zirkulären Wirtschaftens. Aus dieser Kombination lassen sich alle weiteren notwendigen Schritte ableiten, um den Menschen eine Perspektive zur Verwirklichung aller Sustainable Development Goals zu geben.

Eine besondere Rolle müssen dabei die Möglichkeiten der Digitalisierung spielen. Denn ein klimaneutrales und zirkuläres System wird wesentlich komplexer sein als unser bisheriges, hauptsächlich auf einmaligen Verbrauch von Ressourcen ausgerichtetes, System. Die Welt, in der wir morgen leben wollen und können, wird, nicht nur beim Thema Klimaschutz, eine Welt sein, in der Energie-, Daten- und Stoffströme systematischer organisiert werden müssen, um die Ziele zu erreichen.

Sorge um Timing und Fairness

Ich wage die Prognose, dass die Verfügbarkeit von Technologien und die Komplexität der Systeme nicht die entscheidende Hürde sein werden. Ich sorge mich vielmehr um das Timing und die Fairness im globalen Miteinander. Wir kennen die Prinzipien, die wir brauchen. Wir kennen die Technologien, die wir weiterentwickeln und miteinander verknüpfen müssen. Wir haben sogar eine Vorstellung davon, wie hoch die notwendigen Investitionen sein werden, um zu unseren Zielen zu gelangen. Und dennoch, trotz allen Respekts für das »Paris Agreement«, muss ich feststellen, dass viele wichtige Länder sich in der Regel beim Klimaschutz noch sehr eng entlang der langen Linien ihrer nationalen Interessen bewegen: progressiv da, wo es nicht zu sehr wehtut oder nutzt, defensiv dort, wo es den eigenen kurzfristigen Interessen schaden könnte.

Unternehmen brauchen Klarheit über mittelfristige Belastungen, Entlastungen und Investitionsbedingungen. Und sie brauchen Fairness: Die deutsche und europäische Industrie folgt den klimapolitischen Zielen – aber wer garantiert, dass nicht andere Länder unfair spielen und weiter billig und mit niedrigeren Standards Märkte dominieren und Wettbewerb verzerren? Dieses globale Misstrauen, insbesondere unter den G20-Staaten, ist die größte Gefahr für das Gelingen eines globalen Klimaschutzes, aber auch für alle anderen SDG. Und es ist die größte Quelle von Ineffizienz. Ohne eine sichtbare und verlässliche Bewegung hin zu vergleichbaren Ambitionen unter den G20-Staaten wird sehr viel Geld für Carbon-Leakage-Instrumente zur Sicherstellung der Wettbewerbsfähigkeit heimischer Unternehmen nötig sein, das an anderer Stelle für die Entwicklung eines effizienten globalen Systems fehlt.

Dieser Teufelskreis ist nur durch eine politisch überzeugende gemeinschaftliche Agenda der wichtigsten G20-Staaten zu durchbrechen. Wenn das nicht gelingt, werden wir weder die enormen ökonomischen Potenziale bei der Beschreitung dieses großen Zukunftspfades erschließen, noch die klimapolitischen Ziele erreichen und damit auch an allen anderen SDG scheitern.

Dr. Siegfried Russwurm ist seit Juni 2020 Präsident des Bundesverbands der Deutschen Industrie (BDI). Nach seinem Ingenieursstudium an der Universität Erlangen-Nürnberg begann er seinen Berufsweg im medizinischen Bereich der Siemens AG. Nach Stationen in Deutschland, Schweden und den USA wurde er 2008 Mitglied des Vorstands der Siemens AG (bis 2017). Russwurm ist amtierender Aufsichtsratschef bei Thyssen-Krupp und der Voith-Gruppe.

Industrieland, ja – aber nachhaltig

Svenja Schulze
Bundesministerin für wirtschaftliche
Zusammenarbeit und Entwicklung

Eine auch künftig international wettbewerbsfähige innovative Industrie ist nicht nur zentrale Voraussetzung für Wohlstand und gute Arbeitsplätze, sondern auch aufs Engste verbunden mit dem, was die Erreichung der weltweiten Nachhaltigkeitsziele maßgeblich beeinflussen wird: nämlich dem Gelingen der sozialökologischen Transformation von Wirtschaft und Gesellschaft mit dem Ziel der Treibhausgasneutralität. Gerade die Chemiebranche spielt als Schlüsselindustrie für viele nachgelagerte industrielle Wertschöpfungsketten dabei eine zentrale Rolle. Sie macht die Transformation praktisch erst möglich.

In den letzten Jahren haben wir einige wichtige politische Weichen in Richtung sozialökologische Transformation gestellt, unter anderem mit dem Klimaschutzgesetz, dem Klimaschutzprogramm 2030, der nationalen Wasserstoffstrategie und auch mit dem Coronakonjunkturprogramm.

Die 17 UN-Ziele für nachhaltige Entwicklung haben mein Handeln als sozialdemokratische Ministerin stets geleitet. Dabei ist für mich klar, dass echte Nachhaltigkeit immer umfassend gedacht werden muss und vernünftigerweise keines der Nachhaltigkeitsziele singulär betrachtet werden kann. Nur so werden Strukturbrüche und Schieflagen verhindert. Dass das geht, haben wir unter anderem beim Kohleausstiegsgesetz und beim Strukturfördergesetz gezeigt.

Energiewende als größte Herausforderung

Wenn wir nun im Sinne umfassend gedachter Nachhaltigkeit den Klimawandel bekämpfen und unsere Industrie sozialökologisch umgestalten wollen, um Unternehmen, Arbeitsplätze und Wohlstand auch in Zukunft zu erhalten, ist die Energiewende unsere dringlichste politische Herausforderung. Vier Aspekte möchte ich hier besonders betonen:

Erstens müssen die Ausbauhemmnisse für erneuerbare Energien behoben werden: Wir brauchen viel höhere Ausbauziele angesichts unserer zu erwartenden Strombedarfe – 100 Prozent erneuerbarer Strom bis zum Jahr 2040. Außerdem brauchen wir mehr und bessere finanzielle Einbeziehung von Bürger*innen und Kommunen, mehr Flächenbereitstellung und vereinfachte Genehmigungsverfahren. Ich hoffe, dass es durch den im EEG 2021 eingeführten Bund-Länder-Koordinierungsmechanismus diesbezüglich schnelle Fortschritte geben wird.

Zweitens sind faire Energiepreise ein Muss: Eine Reform des aktuellen Systems der Steuern, Abgaben und Umlagen ist überfällig. Ein wesentlicher Beitrag ist heute schon, die EEG-Umlage zu begrenzen. Das ersetzt jedoch nicht eine grundlegende Reform und schafft noch keine Planungssicherheit. Die Abschaffung der EEG-Umlage bis 2025 wäre ein gutes Ziel.

Drittens ist die Politik in der Pflicht, auch künftig Energieversorgungssicherheit glaubwürdig zu garantieren: 100-prozentige Energieversorgungssicherheit zu jeder Zeit ist eines der höchsten Güter für jeden Industriestandort. Das ist für jemanden, der wie ich aus NRW kommt, eine Binsenweisheit. Neben schnellem Ausbau der erneuerbaren Energien tragen Energieeffizienz, Speichertechnologien, Sektorkopplung sowie Power-to-X und Wasserstofftechnologien zur Versorgungssicherheit bei. Importstrategien und Energiepartnerschaften müssen vorangetrieben werden.

Viertens braucht es zukunftsorientierte Rahmenbedingungen: Der Staat ist gefragt, geeignete und verlässliche Rahmenbedingungen für die Transformation zu setzen, die unter anderem CO_2-Bepreisung, Zugang zu Finanzierungsinstrumenten, das Thema Übergangstechnologien und die Schaffung grüner Absatzmärkte betreffen. Wichtig ist hier, Schlüsseltechnologien zu fördern, Innovationsfähigkeit zu stärken und Carbon Leakage und Strukturbrüche zu verhindern, gerade auch in der energieintensiven Industrie. Das Bundesumweltministerium fördert deshalb bereits mit dem Programm »Dekarbonisierung in der Industrie« die Reduktion schwer vermeidbarer prozessbedingter Treibhausgasemissionen und testet Carbon Contracts for

Difference (CCfD) im Zuge eines Pilotprogramms für Anwendung in der Stahl- und Chemiebranche. Eine schnelle Ausweitung des Instruments auf andere Branchen halte ich für sehr wichtig.

Ich setze mich für eine langfristige sozialökologische Industriestrategie ein, die auf Grundlage der Dimensionen von Nachhaltigkeit verlässliche politische Richtschnur für die sozialökologische Transformation für die nächsten drei Dekaden ist und damit Wohlstand und gute Arbeitsplätze in Deutschland und weltweit sichern hilft. Die Energiewende muss in einer solchen Industriestrategie zentralen Raum einnehmen, denn Treibhausgasneutralität wird ohne erneuerbare Energien nicht erreichbar sein – ebenso wenig wie ohne die Innovationskraft unserer Industrie.

Svenja Schulze ist seit Dezember 2021 Bundesministerin für wirtschaftliche Zusammenarbeit und Entwicklung. Erstmals zog sie von 1997 bis 2000 in den nordrhein-westfälischen Landtag ein, wiederum von 2004 bis 2018. Ab 2010 war sie in NRW Ministerin für Innovation, Wissenschaft und Forschung. 2018 wurde sie zur Bundesministerin für Umwelt, Naturschutz und Reaktorsicherheit in das Kabinett Merkel berufen. 2021 zog sie über die Landesliste auch in den Bundestag ein.

Ziel 14:
Leben unter Wasser

Ozeane, Meere und Meeresressourcen im Sinne nachhaltiger Entwicklung erhalten und nachhaltig nutzen

Mit Kunststoffkreisläufen das Leben unter Wasser schützen

Peter Kurth
Präsident des BDE (Bundesverband
der Deutschen Entsorgungs-, Wasser-
und Rohstoffwirtschaft e. V.)

Die Verschmutzung unserer Weltmeere hat in den vergangenen Jahren und Jahrzehnten in einem Ausmaß zugenommen, das man sich in seinen Dimensionen kaum mehr vorstellen kann. Der »Great Pacific Garbage Patch« hat als größter Müllstrudel der Welt traurige Berühmtheit erreicht. In seiner Dimension dreimal so groß wie Frankreich, besteht er aus circa 80.000 Tonnen Plastikmüll oder 1,8 Billionen Plastikteilen, was im Durchschnitt 230 Stücken pro Erdbewohner entspricht. Und das Problem wird schlimmer: Studien gehen von Einträgen zwischen 4,8 Millionen und 12,7 Millionen Tonnen Plastikmüll aus – pro Jahr. Tendenz steigend.

Die Vermüllung unserer Ozeane hat erhebliche negative Folgen für die maritime Flora und Fauna. 135.000 Meeressäuger und eine Million Meeresvögel verenden jährlich durch das Verschlucken und Verhungern mit vollen Mägen oder strangulieren sich beim Versuch, sich von Fischernetzen zu befreien. Auch die bei der Zersetzung frei werdenden gefährlichen Inhaltsstoffe wie Bisphenol A, Phtalate oder Flammschutzmittel reichern sich in der Nahrungskette an und schädigen die Meeresbewohner nachhaltig. Die maritime Biodiversität ist also in höchstem Ausmaß bedroht – circa 800 Tierarten werden direkt vom Plastikmüll beeinträchtigt.

Reduce, reuse, recycle

Die chemische Industrie kann und sollte in Zukunft mit wesentlich größerer Wirkung zur Lösung der Probleme beitragen. Dafür braucht es neben der stark im öffentlichen Fokus stehenden Dekarbonisierung der Industrie (gegen die Erwärmung der Meere) eine wirkliche Rohstoffwende, die nur durch eine weltweit agierende Kreislaufwirtschaft umgesetzt werden kann und die Meeresverschmutzung beendet. Die drei R's – »Reduce, reuse, recycle« müssen dabei die operativen Leitlinien der Industrie abbilden.

Wir alle wollen und können auf Kunststoffe nicht generell verzichten. Aber so wie bisher geht es nicht weiter. Wir müssen alles daransetzen, auch und gerade wegen der mit unserer Branche verknüpften Innovationskraft, den Wohlstand unserer Wirtschaft und Gesellschaft mit einem geringeren Materialaufwand zu gewährleisten. Das bedeutet nicht, dass andere, häufig klimaschädlichere, Materialien zum Gebrauch kommen müssen, sondern dass Kunststoffe ihre Flexibilität und Vielseitigkeit in vollem Maße im Sinne der Umwelt ausschöpfen, möglichst lange genutzt werden, in neuen Anwendungen wiedergenutzt werden und am Ende ihrer Nutzung durch global flächendeckende Entsorgungssysteme erfasst und hochwertig zu Sekundärrohstoffen recycelt werden.

Durch diese Systeme muss es gelingen, die globalen Recyclingquoten steil nach oben zu treiben. Das ist bitter nötig: Laut Ellen MacArthur Foundation werden 40 Prozent der weltweit produzierten Verpackungsmaterialen deponiert, 32 Prozent gelangen direkt in die Umwelt und weitere 14 Prozent werden verbrannt. Es verbleiben 14 Prozent Abfälle, die dem Recycling zugeführt werden und die wegen ihrer schlechten Qualität teils weiter aussortiert werden müssen, sodass der globale Kunststoffbedarf nur zu fünf Prozent durch Recyclingrohstoffe gedeckt wird.

Die chemische Industrie kann zu Beginn der Wertschöpfungskette erheblich dazu beitragen, dass Kunststoffe kreislauffähig werden: Wir brauchen zwar vielseitige Anwendungen, aber weniger Kunststoffvielfalt und die Konzentration auf wenige Hauptkunststoffarten sowie die bessere Erforschung von Additiven, welche Kreisläufe nicht verhindern, sondern unterstützen. Diese könnten beispielsweise zum Auswaschen der Farben im Recyclingprozess beitragen und helfen, Geruchsentwicklungen im Plastikmüll zu vermeiden. Wir brauchen wesentlich mehr Transparenz über die Zusammensetzung von Kunststoffen, insbesondere, wenn es um besorgniserregende Stoffe geht. Diese müssen mit der gesamten Wertschöpfungskette geteilt werden. Gleichzeitig muss das Präventionsprinzip voll zum Tragen kommen, sodass bedenkliche Stoffe von Anfang an gar nicht erst genutzt werden, die in der späteren Phase das Recycling quasi unmöglich machen.

Aufgrund des globalen Ausmaßes der Müllverschmutzung begrüßen wir das kürzlich ins Leben gerufene UNO-Umweltabkommen zu Plastikmüll, welches globale Kunststoffkreisläufe nun zügig zur Entfaltung bringen muss. Dabei wird es auch um Fragen der (globalen) Herstellerverantwortung gehen müssen: Wie müssen Inverkehrbringer an den Kosten der

Plastikverschmutzung beteiligt werden? Dürfen in Zukunft nicht recyclingfähige Kunststoffe überhaupt noch in Verkehr gebracht werden? Wie können Produktverantwortungssysteme in den Haupteintragsländern von Plastikmüll gestaltet und finanziert werden?

Es sind unbequeme Fragen, denen wir alle uns stellen müssen. Aber sie sollten gestellt werden. Unsere Recyclingbranche steht hier für den konstruktiven Dialog mit den Vertretern der chemischen Industrie bereit, um gemeinsam die Herausforderungen nachhaltiger Entwicklung zu meistern. Probleme, die wir alle geschaffen haben, sollten wir auch gemeinsam zu lösen in der Lage sein.

Peter Kurth ist seit 2009 Präsident des BDE (Bundesverband der Deutschen Entsorgungs-, Wasser- und Rohstoffwirtschaft e. V.) und Senator a. D.. Nach beruflichen Stationen beim Land Berlin sowie im Bankwesen war er von 1994 bis 1999 Staatssekretär in der Berliner Senatsverwaltung für Finanzen, von 1999 bis 2001 dort Senator. Von 2001 bis 2006 war er Mitglied des Berliner Abgeordnetenhauses und von 2001 bis 2009 Mitglied des Vorstands der ALBA AG. Seit Oktober 2009 ist er Geschäftsführer des BDE (Bundesverband der Deutschen Abfall-, Wasser- und Rohstoffwirtschaft e. V.). Seit 2020 ist er – wie schon von 2011 bis 2014 – Präsident der FEAD, der Europäischen Föderation der Entsorgungswirtschaft in Europa.

Im Kreislauf denken: ökologisch, ökonomisch, sozial

Sinischa Horvat
Vorsitzender des Betriebsrats
der BASF SE in Ludwigshafen

»Leben unter Wasser« ist eines der Nachhaltigkeitsziele der Vereinten Nationen. Das Leben unter Wasser leidet unter den Folgen der Zivilisation, unter der weltweiten wirtschaftlichen Entwicklung, die ja eigentlich gewollt und gut für die Menschen sein sollte. Ist sie ja auch. Aber es gibt Begleiterscheinungen, die nicht akzeptabel sind. Dazu zählt unter anderem Plastikmüll in den Weltmeeren. Offenbar wird Plastikmüll in großen Mengen über Flüsse, vor allem in Afrika und Asien, ins Meer gespült. Das ist kein Vorwurf, das ist eine Beobachtung, das Ergebnis von Untersuchungen. Größere Plastikteile bedrohen Lebewesen direkt, kleinere Teile oder Mikroplastik können über die Nahrungskette zurück zum Menschen gelangen.

Polymere gibt es bereits in der Natur in großer Menge und Vielfalt. Es liegt in der Natur der Sache, dass sie biologisch abbaubar sind. Kunststoffe im engeren Sinne sind eine Erfindung der chemischen Industrie. Es gibt neuerdings auch biologisch abbaubare Kunststoffe für spezielle Anwendungen, aber die meisten sind aufgrund ihres Anwendungsspektrums über Jahrzehnte haltbar.

Bevor man Kunststoffe schlechtredet und in ihnen das Übel sieht, sollte man sich ihre Vorzüge bewusst machen: Verpackungen aus Kunststoffen tragen wesentlich zu hygienischen und haltbaren Lebensmitteln bei. Aus der Medizin, insbesondere für die breite Masse der Menschen, sind sie nicht wegzudenken. In der Technik erlauben sie Lösungen, die mit anderen Materialien wesentlich schwieriger zu realisieren oder deutlich teurer wären. Im Automobilbau machen Kunststoffe Autos leichter und senken damit den Energiebedarf.

Kunststoffe verbieten? Nein!
Als Folge des breiten Einsatzspektrums von Kunststoffen – man könnte fast sagen: als Beleg für ihren Erfolg – findet man sie praktisch überall, eben auch dort, wo sie nicht hingehören, in der Umwelt im Allgemeinen, in den Weltmeeren im Besonderen.

Wenn man das verhindern will, könnte man auf die Idee kommen, Kunststoffe zu verbieten. Das würde aber spürbare Rückschritte für die Menschen bedeuten, teils größere Gesundheitsrisiken, teils soziale Härten, weil kostengünstige Gebrauchsprodukte nicht mehr zur Verfügung stehen würden. Eine andere Möglichkeit wäre die Wiederverwertung, die Weiterentwicklung der Kreislaufwirtschaft bei Kunststoffen.

Bei Metallen gibt es das schon lange. Vor den Stahlwerken stehen mitunter lange Eisenbahnzüge, beladen mit Schrott, der für die Herstellung neuen Stahls dem Eisenerz im Hochofen beigegeben wird. Kunststoffe sind chemisch gesehen feste Kohlenwasserstoffe, einige enthalten funktionale Gruppen mit Sauerstoff oder Stickstoff. Somit sind es Wertstoffe. Das Bild vom Plastikmüll in der Umwelt erweckt hingegen eher den Eindruck, es handele sich um etwas Wertloses, ja sogar Schädliches.

Die BASF in Ludwigshafen hat nicht nur Know-how in der Herstellung von Kunststoffen, sondern auch in verschiedenen Ansätzen der Wiederverwertung. Aktuell wird ein Projekt zur stofflichen Verwertung favorisiert. Das bedeutet, aus dem Kunststoffmüll kann durch stoffliche Umsetzung etwa ein Öl gewonnen werden, aus dem im Chemieverbund neue Produkte hergestellt werden können, und zwar ohne Einschränkungen in der Qualität. Das wäre die technische Seite einer möglichen Lösung.

Infrastruktur zur Erfassung von Plastikabfall
Was fehlt, sind weitergehende Ansätze zum Einsammeln von gebrauchten Kunststoffen mit der entsprechenden Logistik und Infrastruktur. In Deutschland haben wir den gelben Sack und die damit verbundene

Entsorgung. Anderswo in der Welt gibt es so etwas noch gar nicht. Die BASF ist der Allianz gegen Plastikmüll in der Umwelt beigetreten. Bei dieser Allianz wird es darum gehen, Ansätze für den Aufbau einer solchen Infrastruktur voranzubringen. Damit soll die logistische und infrastrukturelle Seite des Problems angegangen werden.

Aus gewerkschaftlicher Sicht gilt es, einen mutigen Schritt weiterzugehen: Kreislaufwirtschaft bedeutet Wertschöpfung über alle Einzelschritte in der jeweiligen Prozesskette hinweg! Die Gewinnung von Rohstoffen in Bergwerken gehört ebenso dazu wie das Einsammeln von Reststoffen, die Müllverwertung, ebenso die stoffliche Umwandlung in den Fabriken der chemischen Industrie. Die gesamte Prozesskette wird von Menschen betrieben, die an der Wertschöpfung angemessen teilhaben müssen. Arbeit unter menschenunwürdigen Bedingungen darf keine Zukunft haben. Die Zukunft bedeutet vielmehr: Menschen, die an der Wertschöpfung einer Kreislaufwirtschaft teilhaben, sind wie ein Motor, der diese Art des nachhaltigen Wirtschaftens antreiben wird.

Dass das keine Utopie ist, hat die BASF 1865 gezeigt: Die Gründungsidee baute damals auf Steinkohlenteer auf, eigentlich ein Abfallprodukt der Leuchtgasherstellung bei der Verkokung von Steinkohle. Die BASF stellte daraus mit großem Erfolg Farbstoffe her. Die Rohstoffbasis veränderte sich, die Produktpalette auch, aber der Verbund setzt bis heute auf vernetzte Produktion, bei der Nebenprodukte wertschöpfend weiterverarbeitet werden.

Sinischa Horvat ist Vorsitzender des Betriebsrats der BASF SE in Ludwigshafen, des Konzernbetriebsrats und des BASF Europa Betriebsrats sowie stellvertretender Vorsitzender des Aufsichtsrats der BASF SE. Er ist Mitglied im ehrenamtlichen Hauptvorstand und in der Bundestarifkommission der IGBCE.

Meeres-forschung made in Germany für die Ozeane der Zukunft

Claudia Müller
Mitglied des Deutschen Bundestages
(Bündnis 90 / Die Grünen)

»Leben unter Wasser« – schon 1870 schrieb Jules Verne in seinem Roman »20.000 Meilen unter dem Meer« von den Geheimnissen unter der Wasseroberfläche. Wer war als Kind nicht von Kapitän Nemo und seiner Nautilus fasziniert, einem Unterseeboot, das Energie aus unterseeischen Kohlevorkommen bezog und deren Mannschaft sich von Meerestieren und -pflanzen versorgte? Was 1870 und lange danach noch reine Fiktion war, ist heute zum Teil bereits Realität geworden.

71 Prozent der Erdoberfläche sind von Wasser bedeckt. Unsere Meere bilden ein riesiges Ökosystem. Lange Zeit wurde das verkannt. So ging man davon aus, dass die Tiefsee, in die kaum oder kein Licht einfällt, nicht oder nur sehr schwach belebt sei. Denn das Vordringen in tiefste Meerestiefen war

auch mit U-Booten kein leichtes Unterfangen und die Methoden zum Aufspüren von Kleinstlebewesen noch nicht so ausgefeilt. Erst mit dem Fortschreiten der Wissenschaft und der Entwicklung der Robotik und unbemannter Unterwasserfahrzeuge war es möglich, auch dorthin zu gelangen. Immerhin 50 Prozent der Meere haben eine Tiefe von drei Kilometern und der Mariannengraben ist sogar bis zu 11 Kilometer tief.

Als Nahrungsquelle war das Meer schon seit jeher von großer Bedeutung für die Menschen. Aber erst seitdem das Wissen auch über die Tiefsee wächst, wächst auch die Erkenntnis über die Bedeutung der Ozeane zum Beispiel als Speicherorte für atmosphärischen Kohlenstoff oder als ökologisch sensibler Wirtschaftsraum.

Mit Robotik und Unterwassertechnik

Das Bundesministerium für Wirtschaft und Klimaschutz fördert deshalb aus dem Maritimen Forschungsprogramm verschiedene Projekte insbesondere im Bereich der maritimen Robotik und Unterwassertechnik. So erhielt beispielsweise im letzten Jahr das Unternehmen tkms aus Kiel einen Förderbescheid für das Projekt »MUM 2«. MUM ist ein unbemanntes Unterwassersystem für verschiedene Anwendungen in der zivilen maritimen Industrie. Beispiele sind der Transport und Einsatz von Nutzlasten, Anwendungen in der Offshore-Energie oder die Erkundung von schwer zugänglichen Seegebieten, wie zum Beispiel den arktischen Eisregionen. Das System ist modular aufgebaut und nutzt elektrische Energie aus einer emissionsfreien Brennstoffzelle als Hauptenergiequelle. Mit MUM 2 soll 2025 ein großes Demonstrationsfahrzeug zur Verfügung stehen, das mit über 25 Metern Länge eines der weltweit größten unbemannten Unterwasserfahrzeuge darstellen wird.

Mit dem Wissen um die Bedeutung der Meere sind in den letzten Jahrzehnten auch die Anstrengungen zum Schutz der Ozeane gestiegen. So haben die Vereinten Nationen 2021 die UN-Ozeandekade ausgerufen, die angelehnt an das SDG 14 »Leben unter Wasser« sieben Ziele formuliert, wie wir uns die Ozeane der Zukunft wünschen.

Denn über Jahrzehnte wurden die Meere zur Entsorgung aller Arten von Müll genutzt. Was einmal von der Wasseroberfläche verschwunden war, wähnte man als »gelöstes Problem«. Ein Trugschluss. Plastikmüll und Mikroplastik im Meer und in den Flüssen bereiten uns überall auf der Welt große Probleme. Vor unserer »deutschen Haustür« liegen circa 1,6 Millionen Tonnen konventionelle Munition in der Nord- und Ostsee. Eine Schädigung für die Umwelt, eine Gefährdung für Menschen und Tiere und eine Belastung für die Tourismuswirtschaft an unseren Küsten.

Vor dem Hintergrund der Anfang 2019 bekannt gewordenen Forschungsergebnisse zur Belastung von Meeresumwelt und -lebewesen ist auf der politischen Ebene nun endlich Bewegung in dieses Thema gekommen. Neben einer hochrangigen Runde aus den verschiedenen betroffenen Bundesministerien, die sich mit dem Thema befasst, haben wir im Koalitionsvertrag verankert, dass für die Bergung und Vernichtung von Munitionsaltlasten in der Nord- und Ostsee ein Sofortprogramm aufgelegt werden soll, das auch die Finanzierung für die mittel- und langfristige Bergung bereitstellt. Daran arbeiten wir derzeit.

Munition aus dem Meer holen

Darüber hinaus unterstützt die Bundesregierung verschiedene Forschungsprojekte, die sich mit der Detektion und Bergung von Munition im Meer befassen. Das Projekt MARISPACE-X, das vom Bundeswirtschaftsministerium gefördert wird, verfolgt neue digitale Ansätze im Bereich der Sensorik, Datenverarbeitung und künstlichen Intelligenz, die eine effizientere Detektion und Identifikation von Munition erreichen sollen. Das Verbundvorhaben CONMAR der Deutschen Allianz Meeresforschung, gefördert vom Bundesforschungsministerium, erarbeitet konkrete Lösungsansätze für die Überwachung, Bergung und Entsorgung von Munitionsaltlasten.

Wie empfindlich das Ökosystem Tiefsee ist, haben wir bereits in Tiefseebergbaugebieten im Pazifik gesehen. Eingriffe in dieses System sind auch nach Jahrzehnten noch unverändert erkennbar. Die begrenzte Verfügbarkeit von seltenen Erden und Mangan an Land machen den Tiefseebergbau aber für eine Reihe von Staaten interessant. Im Koalitionsvertrag haben wir deshalb festgelegt, dass wir uns für eine verbindliche Überprüfung der Umweltverträglichkeit und für strenge internationale Umweltstandards einsetzen. Außerdem wollen wir die Meeresforschung fortführen.

Ich freue mich deshalb sehr darüber, dass mich die Deutsche Allianz Meeresforschung in ihren internationalen Beirat berufen hat und ich so direkt am »Puls der aktuellen Forschung« bin. Ich bin davon überzeugt, dass wir mit unserer Forschung und unserer hochinnovativen Meerestechnik *made in Germany* den anstehenden Herausforderungen begegnen können. Denn »alles, was ein Mensch sich vorzustellen vermag, werden andere Menschen verwirklichen können« – das wusste bereits Jules Verne.

Claudia Müller ist seit 2017 Mitglied des Deutschen Bundestages (Bündnis 90/Die Grünen) und für diese Mittelstandsbeauftragte. Seit dem 5. Januar 2022 ist sie zudem Koordinatorin der Bundesregierung für Maritime Wirtschaft und Tourismus. Sie ist im Bundestag Mitglied im Ausschuss für die Angelegenheiten der Europäischen Union, im Ausschuss für Wirtschaft und Energie sowie stellvertretendes Mitglied im Verkehrsausschuss und Haushaltsausschuss.

Ziel 15:
Leben an Land

Landökosysteme schützen, wiederherstellen und ihre nachhaltige Nutzung
fördern, Wälder nachhaltig bewirtschaften,
Wüstenbildung bekämpfen, Boden-
degradation beenden und umkehren
und dem Verlust der biologischen Vielfalt
ein Ende setzen

Notstand in der Natur: warum wir jetzt handeln müssen

Jörg-Andreas Krüger
Präsident des NABU e. V.

Wir sind weiter dabei, das sechste Massenartensterben in der jüngeren Erdgeschichte anzufachen – das erste von Menschen gemachte. Eine Million Tier- und Pflanzenarten sind laut Weltbiodiversitätsrat vom Aussterben bedroht. Aber es sind nicht nur artenreiche Korallenriffe im Pazifik und Regenwälder im Amazonas, es ist auch der Verlust von bestäubenden Insekten, Vögeln und Amphibien hier in Deutschland.

Doch der Verlust der biologischen Vielfalt kommt in Wahlkämpfen nahezu gar nicht vor. Es gibt keine Soforthilfen und auch keine Sondersendungen, obwohl wir mit Bestäubern unsere wichtigsten Nutztiere, mit geschädigten Flüssen und trockengelegten Mooren unsere wertvollste Infrastruktur verlieren. Die Bundesregierung muss die menschengemachte Krise der Natur endlich anpacken.

Bei der Biodiversität ist die Tragfähigkeit des Planeten schon längst noch stärker überschritten als bei den globalen Temperaturen – und der politische Wille zu handeln noch geringer. Dabei ist für uns Menschen der Verlust an biologischer Vielfalt – also an Artenreichtum, genetischer Vielfalt und der Vielfalt der Lebensräume – ebenso gefährlich wie die Klimakrise. Je weniger artenreich und stabil Gewässer, Wälder, Meere und Agrarlandschaften sind, desto schutzloser sind wir der Erderhitzung ausgeliefert.

Wir müssen entscheiden, ob die Natur unsere beste Verbündete in der Klimakrise bleibt oder ob wir auch natürliche Klimaretter wie Moore, Seegraswiesen und artenreiche Wälder verlieren. Denn viele Lebensräume können nach dem Erreichen von Kipppunkten von CO_2-Senken zu Treibern der Krise werden. Klimaschutz ist ohne Naturschutz nicht erfolgreich. Es wird überdeutlich, dass sich jetzt entscheidet, ob wir künftig in unserem gewohnten Umfeld weiterleben können – oder auf einem Planeten, der in einen Zustand übergeht, der für uns Menschen feindlich und völlig unberechenbar wird. Wir haben es noch in der Hand.

Hitzesommer und Flutkatastrophen lehren uns: Auf kühlendes Stadtgrün und wasserspeichernde Wälder können wir nicht verzichten. Und die Coronapandemie zeigt: Schädigen wir unsere Ökosysteme, kann jeder Wildtiermarkt, jede gerodete Fläche Tropenwald das Einfallstor einer nächsten Zoonose, einer nächsten Pandemie sein.

Es ist ein politischer Hauptauftrag, die Natur- und die Klimakrise beherzt und zeitgleich anzupacken. Der NABU hat deshalb ein *Notprogramm gegen die Krise der Natur* angeregt, denn in der gegenwärtigen Legislaturperiode besteht die vielleicht letzte Gelegenheit, das Artensterben noch aufzuhalten. Inhaltlich stehen dabei die folgenden Aspekte im Fokus:

In unseren Flüssen, Meeren, Feldern und Wäldern braucht es wieder mehr Platz für Artenvielfalt, damit die Natur wieder die Leistungen erbringen kann, von denen wir abhängen. Renaturierte Moore, Feuchtgebiete, Wälder und Wiesen sind nicht nur wertvolle Lebensräume, sondern speichern auch Kohlenstoff und puffern Wetterextreme ab – sie helfen also auch direkt beim Klimaschutz und der Klimaanpassung. Auch in der Agrarlandschaft müssen nicht bewirtschaftete Rückzugsräume für Tiere und Pflanzen zur Verfügung stehen. Nachhaltigkeit ernst nehmen bedeutet zudem, den Flächenverbrauch in dieser Dekade auf »Netto-Null« zu bringen.

Überall dort, wo »Schutzgebiet« draufsteht, müssen bedrohte Arten und Lebensräume in Zukunft auch wirklich geschützt sein. Konkret geht es um neue Qualitätsstandards und eine bessere Vernetzung der Schutzgebiete im Einklang mit den Vorgaben der EU-Biodiversitätsstrategie. Dafür ist es unter anderem notwendig, dass Bund und Länder neue Wege für eine solide Finanzierung einschlagen.

Auch brauchen wir endlich eine vorausschauende Planung und grüne Korridore, um neue Belastungen aus dem notwendigen Ausbau einer klimagerechten Infrastruktur besser abfedern zu können. Dafür benötigen wir zum Beispiel vorbeugende Hilfsprogramme für besonders bedrohte Tierarten und ein sofortiges Moratorium für den Bau von Fernstraßen.

Eine Landwirtschaft mit Zukunft, die für fruchtbare Böden, sauberes Wasser und intakte Ökosysteme steht, erfordert angepasste Bewirtschaftungsformen, weniger Pestizideinsatz und ein grundlegend reformiertes Finanzierungssystem. Der Wald ist ein Alleskönner, wenn man ihn wachsen lässt: Kühlung, Wasserspeicher, Hochwasserschutz, Luftfilter und dauerhafter Speicher für Treibhausgase. Um ihn zu schützen, braucht es mehr Naturwälder, auch Umweltleistungen im Wald müssen sich zukünftig finanziell auszahlen. Holzverbrennung für die Energieerzeugung gehört definitiv nicht dazu.

Viele Tier- und Pflanzenarten, für die Deutschland besondere Verantwortung trägt, kämpfen seit Jahrzehnten um ihr Überleben und drohen zu verschwinden. Konkret braucht es deshalb zusätzliche globale Naturschutzhilfen und politischen Willen. Deutschland ist das viertgrößte Industrieland der Welt und die größte Volkswirtschaft in der EU. Die EU ist der größte Markt der Welt. Wir sind Hoffnungsträger für viele Menschen, die weltweit auf eine ökologische Transformation der Wirtschaft setzen. Wir können zeigen, wie eine intakte Natur, Wertschöpfung und Wohlergehen Hand in Hand gehen.

Jörg-Andreas Krüger ist seit 2019 Präsident des NABU e. V. Zuvor war Krüger sechs Jahre als Geschäftsführer »Ökologischer Fußabdruck« beim WWF tätig. Von 2004 bis 2013 war er NABU-Fachbereichsleiter für Naturschutz- und Umweltpolitik, ab 2010 zusätzlich stellvertretender Bundesgeschäftsführer.

Den ganzen Weg gehen!

Andreas Berger
CEO Swiss Re Corporate Solutions
Geschäftsleitungsmitglied von Swiss Re

Nachhaltigkeit geht nur ganzheitlich, mit transparenten Zielen, Kontrollen, spürbaren Konsequenzen und Anreizen. Der Rückversicherer Swiss Re will mit seiner Nachhaltigkeitsstrategie einen Dominoeffekt auslösen und an seinen Taten gemessen werden. Die Fluten in Deutschland und angrenzenden Ländern führen uns erbarmungslos vor Augen, wie stark wir abhängig sind von einer intakten Umwelt.

Bei Swiss Re waren wir schon sehr früh mit den Folgen des globalen Klima- und Biodiversitätswandels konfrontiert. Unseren ersten Corporate-Umwelt-report gaben wir 1998 heraus, noch bevor es ausgefeilte Indikatoren gab, um den Umweltfußabdruck von Firmen auszuweisen. Unser erstes großes Umweltziel – im operativen Geschäft CO_2-neutral zu sein – erreichten wir 2003.

Nachhaltigkeitsrisiken ganzheitlich angehen

Die Erfahrungen, die wir sammelten, waren entscheidend für künftige Nachhaltigkeitsinitiativen und die konzernweite Nachhaltigkeitsstrategie mit der Vision, die Welt widerstandsfähiger zu machen. Die Strategie erfasst die Operation, inklusive Beschaffung, die Anlagestrategie und das Under-writing. Dabei unterstützen wir die »Agenda 2030 für nachhaltige Entwick-lung« der UNO mit deren 17 Nachhaltigkeitszielen. Seit ihrer Lancierung 2015 richten wir unsere Nachhaltigkeitsstrategie auf diese SDG aus. Sie geht die Nachhaltigkeitsrisiken ganzheitlich an und beruht auf drei Prinzipien.

Erstens betten wir bei der Umsetzung der Nachhaltigkeitsstrategie alle Unternehmensaktivitäten konsequent ein. Entsprechend betrifft unser »Netto-Null«-Ziel bis 2050 bei CO_2-Emissionen nicht nur unsere Operation (bis 2030) und Anlagetätigkeit, sondern auch unser (Rück-)Versicherungsgeschäft mit Kohleunternehmen. Bis 2030 steigen wir ganz aus dem (Rück-)Versicherungsgeschäft mit Kohleunternehmen in der OECD aus, bis 2040 weltweit.

Das zweite Prinzip: Wir quantifizieren unsere konzernweiten Nachhaltigkeitsziele und Resultate im Einklang mit internationalen Vereinbarungen wie den SDG. Für dieses Jahr haben wir die Löhne aller Mitarbeitenden erstmals an konkrete Nachhaltigkeitsziele gekoppelt – je mehr CO_2 wir einsparen, umso höher fällt die Erfolgsbeteiligung aus.

Und *drittens* wollen wir für Partner und Kunden die erste Adresse sein bei Risikotransferlösungen, also der Absicherung von Verlusten beim Umbau zu weniger CO_2-Emissionen sowie bei der Entwicklung innovativer Lösungen.

So unterstützt unsere Industrieversicherung Swiss Re Corporate Solutions etwa Investitionen in erneuerbare Energien: Letztes Jahr haben wir 5600 Wind- und Solarparks versichert, welche über 22 Millionen Tonnen CO_2-Emissionen einsparten.

CO_2-Schadenkosten sichtbar und spürbar machen

Wir sehen den Klimawandel als globale Herausforderung, die ein weltweit koordiniertes Vorgehen erfordert. Denn wir haben viel zu verlieren. Wenn wir den derzeitigen Kurs beibehalten, dann könnte gemäß Schätzung des Swiss Re Instituts die globale Wirtschaftsleistung bis 2050 um bis zu 18 Prozent einbrechen.

Die immensen Schadenkosten sollten im Preis von CO_2-Emissionen widergespiegelt sein, um die richtigen Anreize zu setzen. Hier ist die Politik gefordert, aber nicht nur. Um kohlenstoffarmes Verhalten und Entscheide zu ermutigen, haben wir bei Swiss Re intern eine CO_2-Steuer eingeführt, auf alle Emissionen der Mitarbeitenden: Dieses Jahr werden 100 US-Dollar pro Tonne CO_2 fällig; bis 2030 erhöht sich die Steuer schrittweise bis auf 200 US-Dollar pro Tonne. Mit der Abgabe finanzieren wir Projekte zur CO_2-Entfernung aus der Atmosphäre.

Trotz unterschiedlichem Tempo der Länder wird der Preis von CO_2-Emissionen global steigen. Wir haben die Erhöhung der internen Abgabe bis 2030 auch aus Risikoüberlegungen schon vorweggenommen – der Ausstieg aus der CO_2-Abhängigkeit wird teurer, je länger wir zögern.

Mit Deutschland als größtem Chemieproduzenten der EU trägt die deutsche Chemiebranche beim Übergang zu einer treibhausgasneutralen und ressourcenschonenden Wirtschaft eine besonders große Verantwortung. In energie- und rohstoffintensiven Branchen wie der Chemie sind die Risiken überdurchschnittlich hoch, wenn der Übergang zu einer CO_2-ärmeren Produktion nicht gelingt. Die Belastungen werden zunehmen: Zum steigenden Preis für CO_2-Emissionen kommen Regulierungen hinzu, etwa striktere Auflagen für potenziell gefährliche Substanzen und Lieferketten, plus Haftungs- und Reputationsrisiken.

Nachholbedarf als Chance für die Chemie

Vor diesem Hintergrund sollten die Anreize zum Umbau besonders groß sein. Doch die internationale Chemieindustrie hat ihr UN-Nachhaltigkeitsziel bis 2020 nicht erreicht. Fest steht: Die Branche hat die einmalige Chance, überdurchschnittlich zur CO_2-Reduktion und zum Erhalt von Ökosystemen beizutragen. Ein fortschrittliches Risikomanagement kann negative Auswirkungen auf die Umwelt verhindern und Innovationen wie umweltfreundliche Materalen fördern.

Mit dem bestehenden Risikowissen muss man das Rad nicht neu erfinden. Swiss Re Corporate Solutions etwa setzt ausgefeilte Risikoinstrumente ein, um Firmen bei der Transformation hin zu einer CO_2-armen Zukunft zu unterstützen. Zur Bewertung und Prävention von Klimarisiken haben wir die *Climate Risk Solutions for Corporates* entwickelt. Im Bereich Biodiversität und Ökologie haben wir den *Biodiversity and Ecosystem Services (BES) Index* aufgebaut.

Biodiversität ist ein stark unterschätzter Wirtschaftsfaktor. 55 Prozent der globalen Wirtschaftsleistung hängt von intakten Ökosystemen ab, etwa von sauberem Wasser und nachwachsenden Rohstoffen. Der Erhalt der Biodiversität ist in den SDG insbesondere unter Ziel 15 »Leben an Land« berücksichtigt. Der BES-Index analysiert zehn verschiedene Kategorien wie Wasserqualität und -sicherheit und ermöglicht Firmen und Regierungen, die Biodiversität in ihre Entscheidungen miteinzubeziehen.

Gute Instrumente für mutige Schritte im Kampf für die UN-Nachhaltigkeitsziele sind vorhanden. Wir sind überzeugt, dass führende Unternehmen ihre Nachhaltigkeitsbestrebungen über die bloße Einhaltung der derzeit geltenden Vorschriften hinaus vorantreiben können und müssen.

Andreas Berger ist als CEO des Industrieversicherers Swiss Re Corporate Solutions Geschäftsleitungsmitglied von Swiss Re mit Hauptsitz in Zürich. Bei der Allianz Global Corporate & Specialty SE (AGCS) startete er 2006 bei der Gründung als Global Head Market Management & Communication. 2019 stieß er vom Vorstand des Industrieversicherers der Allianz-Gruppe zum Schweizer Rückversicherer.

Nachhaltige Vanille aus Madagaskar – das geht!

Harald Feist
Vorsitzender des Betriebsrats und
Vorsitzender des Gesamtbetriebsrats der
Symrise AG

Wer für die Weltbevölkerung regelmäßig neue Aromen, Duftstoffe oder
Sonnenschutzmittel entwickelt, wie es der Symrise-Konzern tut, für den
dürfen globale Artenvielfalt und natürliche Rohstoffe nicht nur stetige
Quelle der Inspiration sein. Die Bewahrung der Biodiversität und damit
der Schutz natürlicher Lebensräume an Land und unter Wasser muss ihm
ein essenzielles Anliegen sein.

Nicht nur unsere Branche, die Industrie insgesamt muss ihre Entscheidungen regelmäßig daraufhin überprüfen, welche Folgen für die Ökosysteme
dieser Welt, die Tiere, Pflanzen und nicht zuletzt Menschen erwachsen,
aus denen sie ihre Rohstoffe bezieht. Andernfalls sägen wir im Wortsinne
an dem Ast, auf dem wir sitzen – nicht nur ökologisch, sondern auch ökonomisch und sozial. Es ist wichtig, dass wir uns in den Unternehmen
einig sind über solche zentralen Fragen: Eigentümer, Management, Beleg-
schaften und ihre Vertretungen. Bei Symrise ziehen wir in dieser Frage an
einem Strang.

Gesamtverantwortung – entlang der Wertschöpfung

Nachhaltigkeit muss Teil des Geschäftsmodells sein. Unsere Unternehmensstrategie integriert wirtschaftliche Ambitionen und unser Engagement für Nachhaltigkeit. Neben dem Engagement für Klimaschutz waren vor allem der Einsatz zum Erhalt der Biodiversität sowie die Förderung der Lebensbedingungen von Kleinbauern entlang der Lieferkette Gründe, für die wir 2019 die Auszeichnung als »Deutschlands nachhaltigstes Großunternehmen« erhielten.

Als weltweit tätiges Unternehmen haben wir mit dem nachhaltigen Bezug unserer Rohstoffe, der Bewertung unserer Hauptlieferanten nach Nachhaltigkeitskriterien sowie unserem Engagement in internationalen Initiativen und Partnerschaften für Biodiversität und Lieferkettentransparenz einen starken Hebel zur Erreichung des SDG 15 (»Leben an Land«) beizutragen. Darauf zu achten, dass dieser Hebel auch im Sinne einer nachhaltigen Weiterentwicklung der Regionen eingesetzt wird, sehen wir auch als strategische Aufgabe des Gesamtbetriebsrats an.

Dabei gilt es nicht allein, Verantwortung für die eigenen Standorte und Beschäftigten zu übernehmen, sondern auch für das Handeln und Wirken der Partner und Zulieferer. Dies vor allem dort, wo Rohstoffe direkt aus einem fragilen Landökosystem gewonnen werden. Am Beispiel der Vanille lässt sich »Nachhaltigkeit entlang der Wertschöpfungskette« einfach erläutern.

In Madagaskar werden rund 80 Prozent des weltweiten Bedarfes an Vanilleschoten produziert – rund 2000 Tonnen Vanilleschoten ernten die Kleinbauern hier jährlich. Die Vanilleorchideen müssen dabei auch heute noch aufwendig von Hand bestäubt werden. Die konventionelle Beschaffung von Vanille verläuft normalerweise über ein weit verzweigtes Netz von Zwischenlieferanten. Das erschwert nicht nur eine transparente Verfolgung zum Ursprung der Schoten, sondern auch ein Monitoring der ökologischen wie sozialen Bedingungen, unter denen sie geerntet und verarbeitet werden.

Symrise macht seit 2006 einen Unterschied. Als einziges Unternehmen der Branche mit lokaler Präsenz im Herzen der globalen Vanilleproduktion, der nordöstlichen SAVA-Region, arbeiten wir vor Ort direkt mit mehr als 7000 Kleinbauern in 74 Dörfern zusammen. Gemeinsam mit der Gesellschaft für internationale Zusammenarbeit (GIZ) unterstützt Symrise die lokalen Bauern mit Schulungen in Kulturdiversifizierung und Bodenmanagement, Gesundheitsleistungen und beim Aufbau kleinbäuerlicher Kooperativen vor Ort. Insgesamt profitieren knapp 50.000 Menschen in mehr als 70 Dörfern von unserer Arbeit in der Region. Diese direkten Beziehungen schaffen Vertrauen und ermöglichen die Rückverfolgbarkeit der Produkte im Sinne einer nachhaltig integrierten Lieferkette. Und vor allem: Sie fördern die biologischen Stärken der Region, statt sie schlicht auszubeuten.

Die Erfahrungen unseres langjährigen Engagements auf Madagaskar dienen uns heute als Vorbild für strategische Interventionen in weiteren strategischen Lieferketten. Ob Patschuli aus Indonesien, Zitrusfrüchte aus Südafrika, Bananen aus Ecuador, Minze aus Indien oder wild gesammelte, endemische Nüsse und Früchte aus dem Amazonasregenwald: Mit seinem globalen Engagement für nachhaltige, biobasierte Wertschöpfungsketten leistet Symrise gemeinsam mit strategischen Partnern und Kunden essenzielle Beiträge zur Umsetzung der SDG.

Der Erhalt von Ökosystemen und biologischer Vielfalt durch Förderung nachhaltiger Anbau- und Sammelpraktiken gepaart mit Investitionen in eine tragfähige sozioökonomische Entwicklung der Kleinbauern vor Ort bilden dabei die Leitmotive unseres weltweiten Engagements. Ziel ist es, alle strategischen biologischen Rohstoffe bis 2025 aus nachhaltigen Quellen zu beziehen.

Harald Feist ist seit 2018 Vorsitzender des Betriebsrats und Vorsitzender des Gesamtbetriebsrats der Symrise AG. Der gelernte Industriekaufmann hatte zuvor diverse Vertriebsfunktionen der Haarmann und Reimer GmbH und der Symrise GmbH & Co. KG in der Flavor Division inne und war zuletzt Pricing Manager EAME in der Division Flavor & Nutrition der Symrise AG.

Ziel 16:
Frieden, Gerechtigkeit und starke Institutionen

Friedliche und inklusive Gesellschaften für eine nachhaltige Entwicklung fördern, allen Menschen Zugang zur Justiz ermöglichen und leistungsfähige, rechenschaftspflichtige und inklusive Institutionen auf allen Ebenen aufbauen

Lieferketten und Menschenrechte: Wie geht's weiter?

Markus Löning
International tätiger Unternehmensberater
im Bereich Unternehmensverantwortung
und Menschenrechte

Die Debatte um das deutsche Lieferkettensorgfaltspflichtengesetz war teilweise quälend. Insbesondere die Haftungsfrage hat sie sehr schwierig gemacht. Das Ergebnis hat Schwächen, geht aber im Kern in die richtige Richtung: Es beschreibt die Anforderungen an ein menschenrechtliches Risikomanagement. Die Unternehmen bauen derzeit ihre Risikomanagement- und Einkaufsprozesse um. Zur Steuerung der menschenrechtlichen Sorgfaltspflichten müssen neue Governancestrukturen entwickelt werden, für Dokumentation und Reporting neue KPI definiert und Datenerhebung organisiert werden. Das ist mit einigem Aufwand verbunden.

Angesichts unterschiedlichster nationaler Regelungen, der Diskussionen um EU-Regulierungen und einem Importverbot für Produkte, die mit Zwangsarbeit hergestellt wurden, stellen sich für Unternehmen außerdem die Fragen, wie die gesetzliche Entwicklung weitergehen und welche Unterstützung die politische Ebene geben wird.

Ähnlich wie bei der Klimaneutralität sollte das Management sich darauf einstellen, dass die Anforderungen an menschenrechtliche Verantwortung in Lieferketten eher steigen werden. Zwei wichtige Indizien dafür sind der Wertewandel in der jüngeren Generation von Verbrauchern, Nachwuchskräften und Anlegern. Aber auch das Anlageverhalten institutioneller Investoren wird sehr starke Auswirkungen zeigen.

Belege sind aber auch der Koalitionsvertrag und das Programm der deutschen G7-Präsidentschaft, wo sich ein klares Bekenntnis zu einem »regelbasierten Freihandel unter Berücksichtigung von fairen sozialen, ökologischen und menschenrechtlichen Standards« findet. Für ein Land, das stark von den globalen Märkten lebt, halte ich das auch für den richtigen Weg.

Politik muss flankieren

Die Unternehmen – gerade auch in der chemisch-pharmazeutischen Industrie – sind derzeit dabei, ihre Hausarbeiten zu machen. Für die Politik sollte sich wiederum die Frage stellen, welche legislativen und politischen Schritte die Unternehmen jetzt zur Flankierung brauchen.

Der erste Schritt wären schnelle Entscheidungen zu den Regulierungen auf EU-Ebene. Die EU-Kommission arbeitet derzeit an Richtlinienentwürfen zur Corporate Sustainability Governance und zum Corporate Sustainability Reporting. Zeitpläne sind mehrfach geändert worden, die inhaltliche Debatte bewegt sich überwiegend im Bereich der Vermutungen. Hier sollte die Kommission schnell Klarheit schaffen.

Erst eine europaweite Regulierung zu menschenrechtlicher Sorgfaltspflicht wird Wirkung weit über den Binnenmarkt hinaus entfalten. Unternehmen in Lieferländern werden sich auf die neuen Standards ausrichten, denn ihre Erfüllung wird zu einer Frage von Wettbewerbsfähigkeit und Marktzugang.

Inhaltlich sind aus meiner Sicht diese Punkte wichtig:
• Die Anforderungen an menschenrechtliche Sorgfaltsprozesse müssen einem risikobasierten Ansatz folgen. Den Scope des Gesetzes über Mitarbeiterzahlen zu definieren geht an der Sache vorbei. Nur die Frage ist relevant, wie hoch das Risiko von Menschenrechtsverletzungen der Geschäftsaktivitäten ist.

• Die Haftungsfrage sollte ausgeklammert werden. Manager und Unternehmen unterliegen schon jetzt – auch in Deutschland – verschiedenen Haftungsregeln, die auch Handeln in Lieferketten abdecken. Diese Haftungsfragen in den nationalen Rechtsräumen zu harmonisieren wäre ein außerordentlich komplexer und langwieriger politischer Prozess. Er würde die Einführung einheitlicher menschenrechtlicher Due-Diligence-Anforderungen um Jahre verzögern.

• Der Zugang zu Rechtsinstanzen für Opfer von Menschenrechtsverletzungen ist allerdings verbesserungsbedürftig. Hierfür braucht es aus meiner Sicht einen separaten politischen Prozess. Denn für einen regelbasierten globalen Freihandel ist die Umsetzung auch dieses Menschenrechts unverzichtbar.

• Die Parlamente der Mitgliedsländer müssen im Zuge der Umsetzung der EU-Richtlinien nationale Gesetze anpassen beziehungsweise abschaffen. Das betrifft sowohl die Regeln zu den menschenrechtlichen Sorgfaltsprozessen als auch zu den Berichtspflichten. Es wäre ein Alptraum, wenn etwa das Lieferkettensorgfaltspflichtengesetz weiter gälte und abweichende Berichtspflichten festlegte. Die Bundesregierung hat es in der Hand, Ausführungsbestimmungen und Handreichungen schon jetzt auf die kommende EU-Regulierung auszurichten.

• Dass EU-weit der gleiche Standard für die nicht finanzielle Berichterstattung gilt, der wiederum die Informationsbedürfnisse von Banken und Investoren berücksichtigt, sollte selbstverständlich sein. Sustainable Business braucht Sustainable Finance. Hier muss sichergestellt werden, dass die Regulierungen sich nicht widersprechen, sondern gegenseitig ergänzen.

Um die Unternehmen bei der Umsetzung der menschenrechtlichen Sorgfaltspflichten zu unterstützen, müssen EU-Kommission und Bundesregierung aber auch politische Flankierung geben.

Dazu gehört, dass Botschaften und EU-Vertretungen auf der politischen Ebene gegenüber allen Partnerländern die Bedeutung der menschenrechtlichen Sorgfalt, das heißt vor allem der Einhaltungen von Arbeitsstandards, deutlich machen. Es reicht nicht, wenn der entwicklungspolitische Referent das Thema betreut, es muss von den Botschaftern und Wirtschaftsabteilungen vertreten werden. Statt einzelner Pilotprojekte müssen mit Unterstützung der Regierungen mehr sektorweite Initiativen wie etwa der Bangladesh-Accord entstehen.

Alle Handelsabkommen müssen das Thema in Zukunft abdecken und von den Partnern mindestens die Ratifizierung aller ILO-Kernarbeitsnormen verlangen. Hier hat es in den letzten Jahren zwar Verbesserung gegeben, aber mit vielen Ländern steht der Prozess erst am Anfang. Für das Sourcing von Rohstoffen und Vorprodukten der chemisch-pharmazeutischen Industrie ist dies essenziell. China hat etwa nach wie vor die ILO-Konvention gegen Zwangsarbeit nicht ratifiziert.

Gerade was China angeht, muss die EU entschlossener auftreten. Sie kann nicht einerseits von ihren Unternehmen verlangen, Zwangsarbeit in der Lieferkette auszuschließen, dies aber politisch, etwa bei Investitionsschutzabkommen, nicht begleiten.

Um es an einem Beispiel zu erläutern, das für die chemische Industrie relevant ist: Zwischen 60 Prozent und 90 Prozent der Produktion von Solarmodulen findet derzeit in China statt. Insbesondere die ersten beiden Schritte der Wertschöpfung finden zu einem hohen Anteil in Fabriken statt, die direkt neben Internierungslagern in Xinjiang liegen. Der Einsatz von Inhaftierten unter Zwang ist belegt. Unsere Energiewende kann aber nicht mithilfe von Zwangsarbeit stattfinden.

Die hohe Nachfrage und begrenzte Produktionskapazität erlaubt es den chinesischen Anbietern derzeit, jede Nachfrage nach Transparenz oder gar einem Ausschluss von Zwangsarbeit wegzuwischen. Dazu kommt der politische Druck aus Beijing. Damit verbleibt bei europäischen Importeuren und Energieversorgern ein erhebliches Risiko, dass die Module unter Verwendung von Zwangsarbeit hergestellt wurden. Gelingt ihnen der Nachweis nicht, dass keine Zwangsarbeit eingesetzt wurde, ist zum Beispiel der Import in die USA unmöglich. Kommissionspräsidentin von der Leyen hat einen ähnlichen Importbann für die EU angekündigt und die Bundesregierung unterstützt dies.

Importeure und Energieversorger stehen auf der einen Seite unter Druck, die Energiewende zu unterstützen, andererseits wollen und sollen sie Zwangsarbeit ausschließen. Um dieses Dilemma aufzulösen, brauchen sie Unterstützung gegenüber der Regierung in Beijing, aber auch beim Aufbau von Produktionskapazitäten, die nicht von China abhängig sind.

Markus Löning ist international tätiger Unternehmensberater im Bereich Unternehmensverantwortung und Menschenrechte. Zuvor war er von 2002 bis 2009 Mitglied des Deutschen Bundestages und von 2004 bis 2009 Landesvorsitzender der Berliner FDP. Von April 2010 bis Januar 2014 war er Beauftragter der Bundesregierung für Menschenrechtspolitik und Humanitäre Hilfe.

Gewerkschaft als Friedens-macht

Emil Lieser
Projektleiter im Auslandsbüro der
Friedrich-Ebert-Stiftung in Tunesien

Will man verstehen, welche Rolle starke Institutionen im Sinne der internationalen Nachhaltigkeitsziele für den Frieden und die Menschenrechte spielen können, sollte man einen Blick auf die »Jasmin-Revolution« in Tunesien werfen – und den maßgeblichen Einfluss, den die UGTT (Union générale des travailleurs tunisiens, der Allgemeine Bund der tunesischen Arbeiter) dabei ausübte. Sie ist eine der ältesten genuinen Gewerkschaftsorganisationen im arabischen Raum. Mit heute vermutlich über 700.000 Mitgliedern ist sie die größte zivilgesellschaftliche Organisation Tunesiens. Das ist angesichts einer Gesamtbevölkerung von 11,4 Millionen und einer Erwerbsbevölkerung von gut vier Millionen auch im internationalen Vergleich beachtlich.

Gegründet im Jahre 1946 hat sie in der jüngeren Geschichte Tunesiens immer eine wichtige politische Rolle gespielt. Sie versteht sich selbst (und wird auch so gesehen) als zentraler politischer Akteur in gesellschaftlichen Auseinandersetzungen, der sich in seiner Rolle nicht auf eine Gewerkschaft im engeren Sinn reduzieren lässt. Historisch gesehen übernahm die UGTT zu verschiedenen Zeitpunkten die Rolle einer sozialdemokratischen, außerparlamentarischen Massenpartei. Ihre gesellschaftspolitischen Vorstellungen basieren auf den Ideen einer säkularen Republik mit starken staatlichen Strukturen und der Idee von sozialer Gerechtigkeit. Auf dieser Grundlage hat sie damit immer wieder zu einer nachhaltigen Stabilisierung des Landes beigetragen. Wie alle großen gesellschaftlichen Organisationen war sie zu Zeiten der Diktatur Ben Alis ständigen Kooptationsversuchen und Kontrollbestrebungen der Staatsmacht ausgesetzt.

Wenn sich auch die Führungsspitze in den Tagen der Revolution 2011 ambivalent verhielt, so war doch nach Ansicht vieler Beobachter*innen nicht zuletzt das Engagement zahlreicher UGTT-Kader maßgeblich für den raschen Erfolg der im Westen als »Jasmin-Revolution« bezeichneten tunesischen Revolution. Am Tag des Sturzes von Ben Ali beteiligte sich die UGTT an einem zweistündigen Generalstreik, um gegen das gewaltsame Vorgehen der Regierung gegen den Volksaufstand zu protestieren. Hier hat sich gezeigt, dass sie nicht nur eine starke Institution ist, sondern dass sie auch in der Lage ist, durch eine schnelle Mobilisierung ihrer Mitglieder den demokratischen Prozess voranzubringen.

Gewerkschaft für soziales Gleichgewicht

Die Stärke der UGTT zeigt sich auch regional innerhalb der arabischen Gewerkschaftsbewegung. Der 2014 gegründete Arabische Gewerkschaftsbund (ATUC) innerhalb des Internationalen Gewerkschaftsbundes (IGB) geht auf eine Initiative der UGTT zurück.

Die UGTT stellt, bedingt durch ihre historische Rolle in der jüngeren Geschichte Tunesiens, eine unumstrittene Größe bei der Regulierung des sozialen Gleichgewichts dar. Die Revolution hat die Rolle der UGTT als Spiegel und Resonanzraum der gesellschaftlichen Bewegungen auf lokaler und regionaler Ebene bestätigt: Die Ereignisse der letzten Jahre haben gezeigt, dass es der UGTT gelungen ist, an ihre frühere Rolle als tragende Säule der tunesischen Republik, die sie seit dem Unabhängigkeitskampf innehatte, anzuknüpfen.

Diese Rolle als politischer Spieler, der sich auf der tunesischen Bühne für den Aufbau starker Institutionen einsetzt, drückte sich in mehreren Initiativen der UGTT aus: Angesichts der allgemeinen politischen Blockade und einer schweren Staatskrise in den Jahren nach der Revolution rief die UGTT im Juli 2012 alle politischen Kräfte des Landes zu einem Nationalen Dialog auf. Im Mittelpunkt standen die Ausgestaltung der Verfassung, die Zusammensetzung der Wahlkommission und die Verabschiedung eines Pressegesetzes. In der Rolle des Vermittlers wurde die UGTT gestärkt durch den Arbeitgeber*innenverband UTICA, die tunesische Menschenrechtsliga und die nationale Anwaltsvereinigung. Gemeinsam traten sie als »Nationales Dialogquartett« im Mai 2013 mit einer Charta gegen politische Gewalt an die Öffentlichkeit und übernahmen als legitim empfundene Repräsentanten eines Großteils der tunesischen Zivilgesellschaft die Leitung von zähen Verhandlungen mit den unterschiedlichen politischen Akteuren.

Im September desselben Jahres wurde der vom Vermittlerquartett ausgearbeitete »Fahrplan« (»feuille de route«) als Kompromissvorschlag und verbindlicher Ausgangspunkt weiterer Verhandlungen vorgelegt. Mit dem offiziellen Startschuss zum Nationalen Dialog gingen die Verhandlungen zum Weg aus der politischen Krise im Oktober 2013 in eine neue und entscheidende Runde. Das Ergebnis: Eine Mehrheit der Parteien einigte sich auf eine Übergangsregierung, und die neue tunesische Verfassung konnte im Januar 2014 mit großer Mehrheit verabschiedet werden.

Für seine Verdienste um die nationale Verständigung wurde das Dialog-quartett 2015 mit dem Friedensnobelpreis ausgezeichnet, den der UGTT-Vorsitzende Houcine Abbasi entgegennahm. Abbasi wurde im selben Jahr auch mit dem Deutschen Afrika-Preis ausgezeichnet. Durch ihre Rolle im Transformationsprozess und die Verleihung des Friedensnobelpreises befand sich die Gewerkschaft in einer machtvolleren Position als je zuvor.

Mit diesem Prozess hat die UGTT auch dazu beigetragen, dass alle Formen der Gewalt, die sich besonders in den Übergangsjahren nach der Revolution entwickelt hatten, deutlich verringert wurden. Ihr Ziel ist es weiterhin, dafür Sorge zu tragen, dass in Tunesien Strukturen entwickelt werden, die eine gerechte und inklusive Gestaltung der Gesellschaften fördern. Mit der Stärkung staatlicher Strukturen will die UGTT sicherstellen, dass allen Menschen der Zugang zu leistungsfähigen, rechenschaftspflichtigen Institutionen auf allen Ebenen, einschließlich eines unabhängigen Justizsystems, ermöglicht wird.

Emil Lieser ist Projektleiter im Auslandsbüro der Friedrich-Ebert-Stiftung in Tunesien. Er ist Experte für die Region Naher/Mittlerer Osten und Nordafrika. Er war zuvor unter anderem Landesvertreter der FES in Ägypten, Marokko, Algerien und Libyen.

Ziel 17:
Partnerschaften zur Erreichung der Ziele!

Umsetzungsmittel stärken und die globale Partnerschaft für nachhaltige Entwicklung mit neuem Leben erfüllen

»Elf Freunde müsst ihr sein«

Hans-Joachim Watzke
Vorsitzender der Geschäftsführung des
BV Borussia Dortmund 09 e. V. in Dortmund

Anhand dieses Mottos wird im Fußball vieles erklärt. Im Fall von Siegen war es der Zusammenhalt des Teams – bei Niederlagen gilt es als Maßgabe für Erfolg. Genutzt wird besagtes Credo von Spielern, Trainern, Funktionären und Fans des Fußballs landauf, landab. Das hat etwas Wahres, denn echter Erfolg entsteht oftmals in einer Gemeinschaft.

Mit meinem Beitrag möchte ich Ihnen einen Einblick in die Welt bei Borussia Dortmund geben, viele meiner Aussagen gelten in ähnlicher Form sicher auch für andere Fußballclubs. Verstehen Sie diesen Beitrag bitte als Anregung – denn eines ist auch klar: So sehr wir auf dem Rasen um Meisterschaften, Pokale und Trophäen ringen, so sehr eint uns der herausfordernde Kampf für eine nachhaltige Welt. Es gibt schließlich nur einen Planeten, auf dem wir Fußball spielen können. Folgerichtig ist für mich das Sustainable Development Goal (SDG) 17 »Partnerschaften zur Erreichung der Ziele« ein naheliegendes Ziel und zugleich ein richtungsweisender Parameter für die nachhaltige Entwicklung von Borussia Dortmund.

253

Partnerschaften finden sich im Fußball quasi an jeder Stelle. Partnerschaften zwischen Spielern und Trainerteams, Partnerschaften mit Medien oder auch Partnerschaften mit Sponsoren. Und nicht zu vergessen: Natürlich auch ganz besondere Partnerschaften zwischen Fans und Clubs, in den meisten Fällen eine eher emotionale Beziehung – wie in unserem Fall oft die echte Liebe. Doch das sind lediglich die offensichtlichen und auf das Kerngeschäft Fußball ausgerichteten Partnerschaften. Der BVB pflegt darüber hinaus Partnerschaften für sein Reisebüro, für seine Events, für das BVB-eigene Merchandising oder auch unsere Immobilien. Bedeutet also: mit Dienstleistern, Produktherstellern, Lieferanten und Verbrauchern.

Arbeiten im Netzwerk

Das Erreichen unserer Ziele durch Partnerschaften bedeutet daher für den BVB konkret: Arbeiten im Netzwerk und auf vielen unterschiedlichen Ebenen. So lohnt sich ein Blick über den Tellerrand, denn viele Menschen verknüpfen Partnerschaften im Fußball insbesondere mit Sponsoring. Aus meiner Sicht müssen diese künftig sinnstiftend sein, Synergien erzeugen und weit über den eigentlichen Zweck der Steigerung der Markenbekanntheit hinausgehen. Beispielhaft für diese Herangehensweise ist unsere beständige und nachhaltige Partnerschaft mit EVONIK, die bereits seit 2007 besteht.

In den vergangenen fast 15 Jahren haben wir unsere Stärken und Schwächen kennengelernt und gemeinsame Aktivitäten entwickelt. Auf der einen Seite ein Unternehmen, dessen deutsche Vorgängerfirmen in nahezu alle Verbrechen des Nationalsozialismus verwickelt waren. Auf der anderen Seite Borussia Dortmund. Ein Fußballclub, der immer wieder mit Rechtsextremismus in der Fangemeinschaft zu kämpfen hat. In gemeinsamen Veranstaltungen, Ausstellungsprojekten und Bildungsreisen haben wir unsere Mitarbeiter und Mitarbeiterinnen geschult und für dieses wichtige Thema sensibilisiert. Wir haben so gesellschaftliche Verantwortung übernommen und über die Auseinandersetzung mit der Geschichte auch Fragen unserer heutigen Gesellschaft beantwortet. Durch Folgeprojekte und jährlich neue Angebote wird dieses Commitment verstetigt und der engagierte Personenkreis immer größer.

Doch das Angebot ist nicht nur an EVONIK und den BVB geknüpft – beide Partner nutzen ihre Erfahrungen und teilen diese mit weiteren Multiplikatoren und Unternehmen. Neben dem Engagement in den Erinnerungsprojekten und der historisch-politischen Bildungsarbeit sind wir unaufhörlich um eine Weiterentwicklung bemüht. So setzt sich das Engagement zum Beispiel auch in der »BVB-Evonik-Fußballakademie« fort.

Am Beispiel dieser erfolgreichen unternehmerischen Verbindung zeigt sich: Die Bildung wirksamer öffentlicher und zivilgesellschaftlicher Partnerschaften auf Augenhöhe ist für den BVB ein wichtiges Element in der Arbeit an gemeinsamen Zielen. Wir möchten sowohl friedliche und inklusive Gemeinschaften für eine nachhaltige Entwicklung vor Ort fördern als auch international unsere Strahlkraft für gesellschaftlich relevante Themen wie Antisemitismus, den Schutz der Menschenrechte und Klimaschutz einsetzen.

Es gilt jedoch: Maßgeblich für eine erfolgreiche und nachhaltige Entwicklung ist ein offener und stetiger Austausch – im Fall von Borussia Dortmund kann die riesige Strahlkraft des Clubs mit weltweit 50 Millionen Fans und Sympathisanten enorm dazu beitragen, eine transformative Denkweise und den Wissensaustausch voranzutreiben. Denn: Wie in der Wechselwirkung zwischen Fans und Fußballclub basieren auch die integrativen Partnerschaften zur Erreichung unserer Ziele auf geteilten Prinzipien, Werten und einer gemeinsamen Vision. Auf globaler, regionaler, nationaler und lokaler Ebene. Die Teilnahme am UN Global Compact ist für mich daher der nächste logische Schritt.

Als erster Bundesligist und zweiter europäischer Fußballclub überhaupt hat der BVB deshalb den Global Compact der Vereinten Nationen unterzeichnet. Gleichermaßen erklärt Borussia Dortmund durch diesen Schritt nicht nur, gemeinsam mit vielen weiteren Unternehmen, NGOs und anderen Akteuren in den Dialog zu treten und am Erreichen der Nachhaltigkeitsziele zu arbeiten. Als Club verpflichten wir uns darüber hinaus auch dazu, unsere Strategie und unser Wirken an Prinzipien auszurichten und zur Umsetzung der SDG beizutragen. Die Werte, basierend auf den zehn Prinzipien des UN Global Compact, stellen die richtige Grundlage für eine gemeinsame Auseinandersetzung und Partnerschaft dar. Ganz getreu dem Motto »Elf Freunde müsst ihr sein«.

Hans-Joachim Watzke ist seit 2006 Vorsitzender der Geschäftsführung des BV Borussia Dortmund 09 e. V. in Dortmund. Als Vorstandsmitglied der European Club Association (ECA) vertritt Hans-Joachim Watzke seit 2019 die Interessen der deutschen Proficlubs auf internationaler Ebene. Er ist zudem alleiniger Gesellschafter der Watex-Schutz-Bekleidungs-GmbH, einem Hersteller von Feuerwehr- und Arbeitskleidung mit Sitz im Sauerland.

Nachhaltigkeit braucht breite Bündnisse – global wie regional

Anja Surmann
Geschäftsführerin des KlimaDiskurs.NRW
(2019 – 2021)

2021 war ein klimapolitisch bewegtes und bewegendes Jahr. Im April urteilte das Bundesverfassungsgericht, dass das bisherige Klimaschutzgesetz mit den Grundrechten unvereinbar sei und zulasten der nachfolgenden Generationen gehe – in der Folge wurde die Klimagesetzgebung in Deutschland deutlich verschärft. Im Juli führte ein Starkregenereignis zu extremem Hochwasser in Rheinland-Pfalz und Nordrhein-Westfalen mit katastrophalen Folgen für Mensch und Natur. Wenige Wochen später veröffentlichte der Weltklimarat IPCC den ersten Teil seines sechsten Sachstandberichts, der keinen Zweifel daran lässt, wie schlecht es um das Weltklima bestellt ist. Im November tagte schließlich die Weltklimakonferenz COP26 und rang um Beschlüsse. Ihre Ergebnisse werden von unabhängigen Organisationen kritisiert: Sie reichten nicht, um die Ziele des Pariser Klimaabkommens zur Begrenzung der globalen Erwärmung um höchstens 1,5 Grad-Celsuis zu erreichen.

Der Zug Richtung 1,5 Grad-Klimaziel rollt immer schneller – und wir stehen noch ohne gültigen Fahrschein am Bahnsteig. So lässt sich der klimapolitische Jahresrückblick 2021 zusammenfassen. Vor uns liegen intensive Jahrzehnte der Transformation. Es geht nicht nur darum, das Klima zu schützen, sondern dabei auch den Wirtschafts- und Industriestandort nachhaltig zu stärken und den Wandel sozial gerecht zu gestalten.

Die damit verbundenen Konflikte haben die Qualität und die Kraft, gesellschaftlich disruptiv zu wirken und auch zu spalten. Wir beobachten das etwa beim Ausbau der erneuerbaren Energien, insbesondere der Windenergie. Weitere Konfliktfelder verschärfen oder zeichnen sich bereits neu ab: Infra-strukturprojekte wie der aktuelle und zukünftig steigende Netz- und Leitungsausbau (zum Beispiel auch für grünen Wasserstoff), Flächenverbrauchskonkurrenzen, die Wärmewende und ihre Folgen für die Mieter*innen, Push und Pull im Mobilitätssektor, aber auch Fragen der Klimafolgenanpassung, des Verzichts und der finanziellen Belastungen für den und die Einzelne.

Bündnisse für Akzeptanz

Klimaschutz ist eine Gemeinschaftsaufgabe. Um die aktuellen und bevorstehenden Herausforderungen zu lösen, braucht es alle gesellschaftlichen Akteure – nicht nur global, auch regional. Wirtschaft, Wissenschaft, organisierte Zivilgesellschaft und Kommunen. Es braucht eine starke Partnerschaft, in der alle ihren Beitrag leisten.

Damit das gelingt, sind unabhängige und glaubwürdige Orte erforderlich, an denen sich die relevanten Stakeholder vertrauensvoll austauschen können und nach gemeinsamen Lösungen und Wegen der Umsetzung suchen. Ein solcher Ort ist der KlimaDiskurs.NRW.

Seit fast zehn Jahren arbeitet die unabhängige NGO mit Sitz in Düsseldorf erfolgreich an dem Doppelziel, das Klima zu schützen und den Wirtschafts- und Industriestandort in NRW zu stärken. Jetzt, da die Ziele geschärft und verbindlich festgelegt sind, werden mehr denn je Bündnisse dieser Art gebraucht, die die qualifizierte Wirkungskraft haben, Einigkeit über den richtigen Weg zu stiften und Akzeptanz zu schaffen – denn letztendlich ist jede Strategie nur so gut wie die Akzeptanz, die sie findet. Damit aus den 20er-Jahren die Dekade des Handelns wird, braucht Klimaschutz diese Akzeptanz in besonderem Maße.

Im breiten Netzwerk von KlimaDiskurs.NRW ziehen die unterschiedlichen Akteure an einem Strang: Wirtschaft und energieintensive Industrie, Gewerkschaften, Natur- und Umweltschutzverbände, Kommunen und kommunale Unternehmen, Wissenschaft, Kirchen, Kammern, Verbraucherorganisationen und viele mehr. Die mittlerweile über 150 Mitglieder verstehen sich als Lobby für gemeinsames Handeln. Sie eint das Wissen und die Erfahrung, dass Klimaschutz nur gemeinsam gelingen kann.

Der Diskurs – sektorübergreifend, gesellschaftsumfassend und vertrauensvoll – ist die Methode, die in vielen Formaten von KlimaDiskurs.NRW Anwendung findet – von höchst vertraulich bis zu öffentlich. In NRW, aber auch in den Entscheidungszentren in Berlin und Brüssel werden im Rahmen der Arbeit des Vereins strittige Fragen der Klimaschutzpolitik in den zentralen Bereichen Industrie, Energiewirtschaft, Gebäude, Verkehr und Transformation konstruktiv diskutiert und moderiert.

Vorhandene Interessengegensätze der Beteiligten sind dabei kein Hinderungsgrund, bei KlimaDiskurs.NRW muss niemand die eigenen Interessen an der Garderobe abgeben. Im Gegenteil: Der breite Diskurs und die Auseinandersetzung ermöglichen ein weitaus größeres Set an Lösungen als das reine Festhalten an Partikularinteressen.

Darüber hinaus sucht der Verein zu ausgewählten Schlüsselthemen des Klimaschutzes den Austausch auch mit der breiten Öffentlichkeit und den Bürger*innen selbst. Durch die Einbindung von anerkannten Fachleuten und Entscheider*innen auf den relevanten Ebenen setzt er wichtige Impulse für die gesellschaftspolitische Agenda im Rahmen des Transformationsprozesses.

Gegenseitiges Verständnis und Vertrauen sind wichtige Voraussetzungen für gemeinsames Handeln. KlimaDiskurs.NRW trägt mit seiner Arbeit zu dieser wichtigen Grundlage bei. Noch können wir als Gesellschaft auf den 1,5-Grad-Zug aufspringen, wenn wir koordiniert und lösungsorientiert vorgehen. Gelingt das nicht, schauen wir bald nur noch den langsam kleiner werdenden Rücklichtern hinterher.

Anja Surmann war von 2019 bis 2021 Geschäftsführerin des KlimaDiskurs.NRW. Zuvor war sie von 2015 bis 2017 Staatssekretärin für Bundesangelegenheiten und Amtschefin der Staatskanzlei NRW.

Partnerschaften mit neuem Leben füllen: Verantwortung wahrnehmen

Christian Kühn
Parlamentarischer Staatssekretär im Bundesministerium für Umwelt, Naturschutz, nukleare Sicherheit und Verbraucherschutz

Angesichts der Klimakrise und des massiven Verlustes der biologischen Vielfalt rückt der Schutz der natürlichen Lebensgrundlagen als Basis für Wirtschaft, Arbeit und soziales Miteinander in den Mittelpunkt staatlichen Handelns. Aus dieser Perspektive heraus lässt sich eine nachhaltige Entwicklung nur gestalten, wenn Politik, Wirtschaft, Zivilgesellschaft und alle Verbraucher*innen gemeinsam an ihrer Verwirklichung teilhaben. Das BMUV verfolgt diesen Multi-Akteurs-Ansatz in nationalen und internationalen Partnerschaften, in denen Erfahrungsaustausch und Wissenstransfer im Zentrum stehen sowie konkrete Projekte und dauerhafte Strukturen der Kooperation unterstützt werden.

Besonders wichtig ist dieses breit getragene Engagement beim Querschnittsthema Konsum. Denn: Ob Ernährung, Mobilität oder Bekleidung,

Konsum umfasst alle Bereiche unseres Alltags und jede Konsumentscheidung hat Konsequenzen für Umwelt und Klima. Der private Konsum ist für einen großen Teil der Ressourceninanspruchnahme und Umweltbelastungen verantwortlich. Im Durchschnitt hinterlässt jede in Deutschland lebende Person pro Jahr 11,6 Tonnen CO_2. Das ist zu viel.

Daher ist es wichtig, heute so zu konsumieren und zu produzieren, dass die Bedürfnisse der derzeitigen und der zukünftigen Generationen unter Beachtung der Belastbarkeitsgrenzen der Erde erfüllt werden können. Wachstum und Wohlstand müssen dazu so weit wie möglich von der Inanspruchnahme natürlicher, insbesondere der nicht erneuerbaren Ressourcen entkoppelt werden. Auch die Umsetzung der langfristigen Klimaschutzziele kann nur gelingen, wenn dies durch wirksame Maßnahmen in der Konsum- und Verbraucherpolitik unterstützt wird.

Treibhausgasemissionen halbieren!

Dieser Verantwortung ist sich die neue Bundesregierung als Fortschrittsbündnis für Gerechtigkeit, Freiheit und Nachhaltigkeit sehr bewusst. Im letzten Jahr hat die Bundesregierung das Nationale Programm für Nachhaltigen Konsum (NPNK) überarbeitet und darin ein ambitioniertes Ziel verankert: Bis zum Jahr 2030 sollen die konsumbezogenen Treibhausgasemissionen pro Kopf in Deutschland halbiert werden.

Mit dem im Jahr 2017 gegründeten Nationalen Netzwerk Nachhaltiger Konsum wird die Zusammenarbeit zwischen Wissenschaft, Wirtschaft, Politik, Handel, Medien, Bildungseinrichtungen, Verbraucherorganisationen und Zivilgesellschaft gefördert. Ziel des Netzwerks ist es, die Einbeziehung der gesellschaftlichen Gruppen bei der Umsetzung des Regierungsprogramms für nachhaltigen Konsum zu gewährleisten. Darüber hinaus gibt es seit einigen Jahren das Kompetenzzentrum Nachhaltiger Konsum (KNK), dessen Geschäftsstelle im Umweltbundesamt (UBA) angesiedelt ist. Im Kompetenzzentrum arbeiten nachgeordnete Behörden mehrerer beteiligter Ministerien eng zusammen.

Die Verbraucherorganisationen schließlich sind zentrale Partnerinstitutionen, denen bei der Stärkung des nachhaltigen Konsums eine entscheidende Rolle zukommt: Sie bündeln Interessen und machen sie im gesellschaftlichen und politischen Raum sichtbar. Sie gehen mit juristischen Mitteln gegen unlauteres Geschäftsgebaren vor (etwa gegen Greenwashing) und setzen die Rechte Betroffener bei Massenschäden (etwa die Musterfeststellungsklage beim Diesel-Skandal) durch. Zugleich wirken sie als Multiplikatoren, informieren und beraten und schaffen so ein Gegengewicht zur Marktmacht der Anbieterseite. Dies gilt für den Verbraucherzentrale Bundesverband e. V. (vzbv) als bundesweit tätige und themenübergreifende Interessenvertretung, für zahlreiche bundesweit tätige Vereine und Verbände, die spezifische Verbraucherinteressen repräsentieren, sowie für die Verbraucherzentralen in den Ländern. Hinzu kommen Institutionen wie die Stiftung Warentest als unabhängige Einrichtung für die wissenschaftlich fundierte Bewertung von Waren und Dienstleistungen oder das

Europäische Zentrum für Verbraucherschutz, das Verbraucher*innen bei grenzüberschreitenden Sachverhalten unterstützt.

Neben der öffentlichen Hand und den zivilgesellschaftlichen Organisationen steht aber auch die Wirtschaft in der Verantwortung. Produkte müssen so langlebig, reparaturfreundlich, ressourcen- und energieeffizient wie möglich gestaltet sein, um den Verbraucher*innen nachhaltiges Konsumieren und damit einen zukunftsfähigen Lebensstil zu ermöglichen.

Verbraucherschutz weiterentwickeln

Eine nachhaltige Wertschöpfungskette beinhaltet außerdem umwelt- und sozialverträgliche Produkte, die eindeutig und verlässlich gekennzeichnet sind. Damit können Verbraucher*innen etwa Arbeitsbedingungen, Sozialstandards und die bei der Herstellung entstehende Umweltbelastung in ihre Kaufentscheidung einbeziehen. Auf diese Weise wird der häufig im Vordergrund stehende Marktpreis durch weitere produktrelevante Auswahlkriterien ergänzt. Das Verbraucherportal Siegelklarheit.de beispielsweise bietet Verbraucher*innen entsprechende Informationen zu Sozial- und Umweltstandards.

Klar ist: In einer konsequent auf Nachhaltigkeit ausgerichteten Gesellschaft muss sich auch die Rolle des Verbraucherschutzes fortentwickeln. Ob es um die Vertretung von Verbraucherinteressen in der digitalen Welt, auf dem Energie- oder Finanzmarkt, bei Lebensmitteln geht – überall müssen heute konsequenter nachhaltige Konsum- und Produktionsmuster die Leitschnur werden.

Immer mehr Verbraucher*innen möchten selbst aktiver Teil dieses Wandels sein und nachhaltiger konsumieren. Das ist eine erfreuliche Entwicklung. Dem sogenannten Consumer Citizen wird das Potenzial zugeschrieben, durch sein Konsumverhalten Einfluss auf das Nachhaltigkeitshandeln in der Wirtschaft und bei Produktentwicklungen nehmen zu können. Nun wissen wir aus zahlreichen Forschungen, dass Verbraucher*innen sich vorstellen können, wie ein Consumer Citizen agieren zu wollen, sich dann tatsächlich aber anders verhalten – das Mind-Behaviour-Gap.

Hier braucht es Strategien und Forschung, wie Verbraucher*innen zu dem von ihnen selbst gewollten nachhaltigen Konsum gut befähigt werden können. Aktuell fördert das BMUV ein Forschungsprojekt, das der Frage nachgeht, wie Retouren im Onlinehandel reduziert werden können und wie der Trend zu immer schnelleren Kaufzyklen bei Kleidungsstücken eingedämmt werden kann. Zur Unterstützung eines breitflächigen nachhaltigen Konsums gehört aber auch noch, auf eine ausgewogene und sozial verträgliche Verteilung von Lasten und Kosten zu achten und an fairen Regelungen für die von Umstellungs- und Anpassungsprozessen Betroffenen mitzuwirken.

Die Ausrichtung der Gesellschaft und der Wirtschaft auf die Erreichung der Nachhaltigkeitsziele erfordert, alle Verbraucher*innen noch stärker für Nachhaltigkeitsthemen zu sensibilisieren, sie bei der Ausrichtung ihrer Konsumentscheidungen an Nachhaltigkeitskriterien zu unterstützen und zugleich an fairen Regelungen für die von Umstellungs- und Anpassungsprozessen Betroffenen mitzuwirken. Das Engagement und die Sachkunde der Netzwerke, Kompetenzzentren und in den Verbraucherorganisationen, die teils schon seit langen Jahren zu diesen Fragen arbeiten und dabei wichtige Impulse setzen, machen mich zuversichtlich, dass sie auch künftig tatkräftige Akteure des Prozesses zur Erreichung der Nachhaltigkeitsziele SDG 12 (»Nachhaltige/r Konsum und Produktion«) und SDG 17 (»Partnerschaften zur Erreichung der Ziele«) sein werden.

Christian Kühn ist seit 2013 Mitglied des Deutschen Bundestages (Bündnis 90/Die Grünen). Seit 9. Dezember 2021 ist er auch Parlamentarischer Staatssekretär im Bundesministerium für Umwelt, Naturschutz, nukleare Sicherheit und Verbraucherschutz. Von 2013 bis 2021 war er Sprecher für Bau- und Wohnungspolitik seiner Fraktion und vertrat sie als ordentliches Mitglied sowie Obmann im Ausschuss für Bau, Wohnen, Stadtentwicklung und Kommunen. Daneben war er stellvertretendes Mitglied in den Ausschüssen für Umwelt, Naturschutz und nukleare Sicherheit sowie im Ausschuss für Recht und Verbraucherschutz. Im 19. Deutschen Bundestag gehörte Kühn als stellvertretendes Mitglied zudem dem Haushaltsausschuss an.

Die Burg Giebichenstein Kunsthochschule Halle

Die 1915 gegründete Burg Giebichenstein Kunsthochschule Halle bietet mit ihren beiden Fachbereichen Kunst und Design deutschlandweit ein unverwechselbares Profil mit exzellenten Ausbildungs- und Studienbedingungen an. Mit über 1000 Studierenden zählt sie zu den größten Kunsthochschulen Deutschlands. Visionäres Denken und Gestalten werden in den mehr als 20 Studienrichtungen ebenso gefördert wie die Entwicklung berufspraktischer Fähigkeiten.

Die Hochschule verfügt über hervorragend ausgestattete Ateliers und Werkstätten und ist mit zahlreichen Forschungseinrichtungen, Institutionen und Unternehmen vernetzt. Gattungsübergreifend zu denken und zu arbeiten wird bereits zu Beginn des Studiums durch eine breit angelegte Grundlagenausbildung unterstützt. Insbesondere zukunftsorientiertes und nachhaltiges Arbeiten wird an der Burg Giebichenstein Kunsthochschule Halle großgeschrieben und findet sich in allen Studienrichtungen wieder. So bieten auch die BurgLabs, drei Laboratorien der Kunsthochschule, den Studierenden die Möglichkeit, sich forschend und entwerfend mit materialtechnologischen Fragen auseinanderzusetzen, um Zukünfte zu gestalten.

Die Gebiete der Nachhaltigkeit, Biotechnologie, künstliche Intelligenz und Robotik werden auf diese Weise in den Grenzbereichen von Gestaltung und Wissenschaft forciert. Daher hat das Designhaus Halle, das Existenzgründerzentrum der BURG, mit dem Anliegen, Design und Wirtschaft, Kunst und Markt zu verbinden, mit Freude einen Mikrowettbewerb in Kooperation mit dem Herausgebertrio organisiert. Aus diesem Format ist die Umsetzungsidee der vorliegenden Publikation entstanden. Als Impulsgeberin beabsichtigt die Burg Giebichenstein Kunsthochschule Halle, einen wichtigen Beitrag zur regionalen und überregionalen Entwicklung zu aktuellen Fragestellungen zu leisten.

Text: Brigitte Beiling

Die Gestaltung dieses Buchs...

verdanken wir Nils Krüger (Design), Maja Redlin (Design) und Clara Girke (Illustrationen).

Nils Krüger und **Maja Redlin** leben und arbeiten als freiberufliche Kommunikationsdesigner*innen in Leipzig. Ihre Arbeiten bewegen sich in den Bereichen Kultur, Wirtschaft, Wissenschaft und Soziales. In engem Austausch mit ihren Auftraggeber*innen erarbeiten sie individuelle und eigenständige Projekte, bei denen eine intensive inhaltliche Auseinandersetzung Hand in Hand mit der gestalterischen geht. So entstehen ganzheitliche Gestaltungskonzepte, die Inhalt und Form gleichberechtigt behandeln, sie verschränken und selbstbewusst transportieren. Ein besonderer Fokus liegt hierbei auf der Erarbeitung typografisch starker Designs.

Clara Girke arbeitet als freiberufliche Illustratorin in Leipzig. In ihren Arbeiten spiegelt sich ihr Interesse für Menschen und deren Lebensrealitäten wider. Sie untersucht gesellschaftliche Themen in ihren bunten, humorvollen und teilweise ernsten Bildern. Kritisch hinterfragt sie sich selbst und ihre Umwelt in ihrer Arbeit und tritt in Austausch mit dieser, um einen andauernden Prozess der Reflexion als gestalterische Praxis umzusetzen. In ihren Zeichnungen geht sie oft von gerechteren Standpunkten in der Gesellschaft aus und will durch diese Themen die Menschen zum Denken anregen.

Krüger, Redlin und Girke studierten an der Burg Giebichenstein Kunsthochschule Halle Kommunikationsdesign.

Nils Krüger
mail@nilskrueger.info
www.nilskrueger.info
Instagram: @nlshlgrsn

Maja Redlin
mail@majaredlin.de
www.majaredlin.de
Instagram: @maja_redlin

Clara Girke
claragirke@posteo.de
www.claragirke.cool
Instagram: @wiebeipaint

Vom Blog zum Buch:
Das Projektteam

Für dieses überparteiliche Projekt, das als Online-Blog und mit dem hier
vorgelegten Buch der gesamtgesellschaftlichen Debatte zur Nachhaltigkeit der Chemieindustrie dienen soll, haben die Herausgeber*innen
einen Beirat als Entscheidungsgremium und ein Redaktionsteam für
die Umsetzung eingesetzt. Evonik Industries AG übernahm die Projekt-
koordination.

Mitglieder des Beirats waren für den Verband der Chemischen Industrie
(VCI) Dr. Berthold Welling, für die Industriegewerkschaft Bergbau, Chemie,
Energie (IGBCE) Alexander Bercht und Stephanie Albrecht-Suliak,
Michael Merkel als Kenner der Nichtregierungsorganisationen (NGOs)
und grünen Szene, Norbert Neß und Simone Fibiger für Evonik Indus-
tries AG.

Im Redaktionsteam wurde der VCI von Simone Heinrich und Jörg-Olaf
Jansen vertreten, die IGBCE von Lars Ruzic, die NGO- und Grünen-
Szene von Michael Merkel und Hubertus Grass, Evonik von Andrea
Dimitrova und Simone Fibiger.

Klimaneutral
Druckprodukt
ClimatePartner.com/12752-1803-1001

Zum Ausgleich für die entstandene CO_2-Emission bei der Produktion dieses Buches unterstützen wir den Betrieb eines Wasserkraftwerks im Virunga-Nationalpark im östlichen Kongo. Das Projekt trägt zum Klimaschutz bei, indem auf die Abholzung des tropischen Bergregenwaldes zur Holzkohlegewinnung verzichtet wird und der Lebensraum der letzten Berggorillas in freier Wildbahn erhalten bleibt. Der gewonnene Strom wird in das lokale Stromnetz eingespeist und dient als Alternative zur Holzkohle.

Bibliografische Information der Deutschen Nationalbibliothek
Die Deutsche Nationalbibliothek verzeichnet diese Publikation in der Deutschen Nationalbibliografie; detaillierte bibliografische Daten sind im Internet über *www.dnb.de* abrufbar.

Copyright © 2022 Murmann Publishers GmbH, Hamburg

Gestaltungskonzept und Satz: Nils Krüger, Maja Redlin
Illustrationen: Clara Girke
Herstellung: Murmann Publishers
Druck und Bindung: Belvédère Art Books, Oosterbeek, Niederlande
www.TheArtOfMakingBooks.eu
ISBN 978-3-86774-742-4

Besuchen Sie unseren Webshop: *www.murmann-verlag.de*
Ihre Meinung zu diesem Buch interessiert uns!
Zuschriften bitte an *info@murmann-publishers.de*
Den Newsletter des Murmann Verlages können Sie anfordern
unter *newsletter@murmann-publishers.de*